FUNKEN

FUNKEN

JAMES LOW

Herausgegeben von Simply Being www.simplybeing.co.uk

© James Low, 2018

ISBN: 978-0-9569239-5-0

Die Abbildung von Samantabhadra auf Seite xiv wurde mit Dank der Website „The Great Middle Way" entnommen: *https://greatmiddleway. wordpress.com/2011/04/25/king-of-aspiration-prayers/*.

Die Abbildung von Machig Labdron auf Seite 72 wurde dem Blog "Buddhist quote of the day" entnommen: *https://garywonghc.wordpress.com/2014/11/*.

Das Foto von CR Lama auf Seite x erschien auf der Website von Dzogchen Urgyen Ling: *http://dzogchenurgyenling.dk/english/teachers/chhimed-rigdzin-rinpoche/*.

Die Abbildung auf der vorderen Umschlagseite sowie das Bild auf der Rückseite wurde *www.pexels.com* entnommen.

Die Abbildung von Padmasambhava auf Seite vi wurde einer Vorlage von Katharina Winkelmann entnommen.

Unser Dank geht an alle, die wir identifizieren und namentlich erwähnen können. Unser Dank geht auch an alle, die wir nicht identifizieren und namentlich erwähnen können.

Gedruckt und gebunden in Großbritannien von Lightning Source.

GEWIDMET

ALL JENEN, DIE ARM IM HERZEN SIND

Diese hektische Welt und unser geschäftiger Geist
Verbinden sich und drehen uns weiter an.
Dich zu erinnern bricht den Fluch
Und bewirkt einen Neuanfang.

Inhalt

Strahlende Sonne, Sternschnuppe

Lichtblitz, Buddha-Funke

Lächelnder Friedensbringer

Erweichst das härteste Herz

Vorwort

Dies ist ein Buch von Gesten, von Mustern, welche die Verbundenheit ausdrücken, die der Urgrund[1] und die Quelle unserer kurzen Leben als fühlende Wesen ist, Wesen, die empfinden und fühlen und denken und kommunizieren.

Der Urgrund unseres Daseins ist Offenheit, ungehindertes Gewahrsein, das in jedem Geschehen gegenwärtig ist. Wir entstehen innerhalb dieses Lichtfeldes und erhellen und spiegeln einander. Funken fliegen, wenn wir berührt und bewegt sind, und vielleicht können solche Funken andere berühren und bewegen. Ein Funke des hellen Feuers der Leerheit kann einen Flächenbrand auslösen, der alle Konstrukte zu Asche verbrennt. Dieser Verlust ist der wahre Gewinn, die Aufdeckung der Illusion.

Funken kommen aus dem Feuer. Sie sind die Gabe des Feuers und zeigen den Weg zurück zum Feuer. Das Feuer des Gewahrseins brennt hell in uns allen, wird jedoch meist für selbstverständlich gehalten. Uns mit den Funken in diesem Buch zu beschäftigen, lädt uns dazu ein, das offene Gewahrsein zu sein, das der Urgrund oder die Basis des Lesers, des Denkers, des Erfahrenden ist. Dieses Gewahrsein, unser Gewahrsein, ist das weiträumige, erhellende Feuer, das all die vielfältigen Momente unseres Lebens entzündet.

Diese kurzen Ausdrucksformen entstanden durch meine Erfahrungen mit dem Dharma. Sie wurden über einen Zeitraum von etwa zwanzig Jahren gesprochen oder geschrieben und spiegeln die Stimmungen vieler verschiedener Anlässe wider. Ich hoffe, sie sprechen euch an.

---

1   Der Begriff *Urgrund* wird hier und im restlichen Text nicht im kausalen Sinne gebraucht, sondern im Sinne eines Fundamentes, einer Basis, eines Bodens, evtl. eines Ursprungs, auf/aus dem etwas erscheinen kann (*Robert Jaroslawski in "Gesammelte Schriften von C.R. Lama"*). Mit dem Wort *Urgrund* ist keine flache Oberfläche gemeint; es ist mehr wie eine Hologramm-Sphäre, eine Art unendliche Ausdehnung ohne jegliche Bezugskoordinaten, in der Manifestation in allen Richtungen erscheint (*James Low, Retreat "Die Sichtweise und Praxis von Tregchöd", Eifel 2013*).

Der Stil ist nicht formal und hoffentlich ermöglicht diese freie Struktur, sich dem Inhalt leicht nähern und darüber nachdenken zu können.

Obgleich einige der Texte um bestimmte Themen geordnet wurden, gibt es keine fortschreitende Reihenfolge in der Anordnung. Man kann an jeder beliebigen Stelle beginnen und jeder Funke oder Abschnitt ist in sich vollständig. Lesen ist die Aktivität der gesamten Person – wir empfangen am meisten, wenn wir uns mit unserer Lebenserfahrung und unserer Klarheit einbringen und zulassen, dass unsere Emotionen und Empfindungen Teil des sich entfaltenden Bildes werden.

Viele der hier gezeigten Texte sind Auszüge aus Transkripten von Vorträgen, die ich in Dharmazentren in Europa gehalten habe. Sie wurden von Transkriptschreibern entnommen, hauptsächlich von Sarah Allen und Jo Féat und von Barbara Terris.

Ein Buch aus Fragmenten zu gestalten erfordert Zeit, Aufmerksamkeit und viele Entwürfe. Die geduldige und bedachte Hilfe von Barbara Terris hat diesen Prozess ermöglicht. Das Buch wurde in der deutschen Ausgabe von Taisha Lohninger für den Druck vorbereitet. Lea Pabst übersetzte die englische Fassung ins Deutsche.

> Das Leben ist einfach
> wenn man akzeptiert, dass es kompliziert ist.
> Das Leben ist kompliziert
> wenn man glaubt, dass es einfach sein sollte.

Dunkler Buddha, erster Atem vor der Morgendämmerung,
still ruhende Quelle des strahlenden Lichtes des Geistes,
offen, zugänglich, unser unveränderlicher Grund,
frei von verblendeter Selbstgefälligkeit.

Raumhafte Gastfreundlichkeit frei von Vorurteil
heißt die Fragmente von Desintegration willkommen
wie Schneeflocken, die auf einen See fallen,
sich auflösen in müheloser Selbstbefreiung.

Einführung

Lasst uns ganz am Anfang beginnen; das ist eine sehr gute Stelle, um anzufangen. Was ist Leben? Woher komme ich? Wer bin ich? Wenn wir diese Fragen stellen, suchen wir nach Antworten - und es stehen so viele Antworten zur Verfügung. Wir können etwas über die Ursprünge von allem lesen und erfahren, dass es einen Urknall gab. Wir können etwas lernen über die Entstehung des Planeten Erde, die ersten Lebenszeichen und die vielen Evolutionsstufen seit dieser ersten dynamischen Gestaltung. Wir können etwas lernen über die Geschichte unseres Landes, unsere Kultur, unsere Familie, die Beziehung unserer Eltern und die Faktoren, die zu unserer Zeugung geführt haben. All diese Informationen kommen in Form von Geschichten zu uns. Wir hören diese Geschichten und entwickeln aus ihnen unsere Wahrnehmung der Welt und unseren Platz darin. Wir sind Teil der fortlaufenden Konversation, in der wir Geschichten hören, unsere Antwort formulieren und dann unseren Beitrag sprechen. Wir sind sowohl geformt durch als auch formgebend für die Schilderungen, in denen wir uns bewegen und leben. Wir erzählen uns selbst Versionen dessen, was uns erzählt wurde und werden auf diese Weise Teil unserer Kultur.

Wenn wir fragen „*Wer bin ich?*", vertrauen wir weiterhin wie gewohnt auf unsere Geschichten. „*Wer bin ich? Nun, ich erzähle es dir...*" und los geht's mit dem Erzählen von Ereignissen, Wünschen, Interessen, Ängsten, Hoffnungen, Traumata. Die Geschichten, die wir über uns selbst erzählen, scheinen endlos zu sein, da wir nahtlos von einem Thema zum nächsten wechseln und ein Gefüge aus Erinnerung und Emotion flechten, das sowohl wahr als auch wirklich zu sein scheint. Wir scheinen über uns selbst zu sprechen, uns selbst zu beschreiben, aber vielleicht reden wir uns immer wieder selbst ins Dasein.[2] In jeder neuen Gesprächssituation formen wir bestimmte Muster der Selbst-Darstellung, die ermöglichen, dass wir selbst und andere uns als beachtenswert und anerkennungswert betrachten, als derjenige,

---

2 Im Englischen: "*We talk ourselves into existence*".

der wir vorgeben zu sein. Wenn das der Fall ist, sind wir die Kinder Scheherazades, die ihr Leben durch den Fluss ihrer verführerischen Geschichten erhalten.

Der Inhalt der Geschichte, das was wir sagen, ist unser Hauptaugenmerk. Doch wer ist der Sprecher, der Geschichtenerzähler? *„Das ist leicht, ich bin derjenige, der die Geschichte erzählt. Ich bin ich! Lass mich dir von mir erzählen..."* Und wir legen wieder los und erschaffen Luftschlösser durch unsere faszinierenden Konzepte. Wieder und wieder, unablässig, schwimmen wir von der Geburt bis zum Tod in einem Meer von Konzept, Erzählung, Geschichte, Erinnerung - Beschreibungen von Ereignissen, Tatsachen, Menschen, Orten. Üblicherweise glauben wir, dass das Leben eben so ist, dass dies bedeutet, ein Mensch zu sein, ein Mitglied der intelligentesten und kreativsten Spezies auf dem Planeten.

Aber vielleicht ist diese Wirklichkeit, an die wir glauben, nicht das, was sie zu sein scheint. Vielleicht kommen und gehen die Antworten so dicht und schnell, dass wir durch die glänzenden Schneeflocken dieser Darstellungen, welche die Echtheit von Selbst und Anderen bestätigen, geblendet sind. Wer bin ich? Ich bin hier, jetzt, atme ein und aus, lebendig - wer tut das, wem und für wen geschieht es? Wenn wir einfach innehalten und Raum ermöglichen, bevor wir uns selbst eine Auswahl aus dem breiten Repertoire an Antworten erzählen, gibt es Raum, in dem wir uns selbst offenbart werden. Dies bietet uns einen Blick auf das Gesicht, das wir hatten, bevor wir in die Matrix der Konzepte hineingeboren wurden. Das ist der Urgrund unseres Seins, die Grundlage für alles, was wir erleben, inklusive uns selbst.

Der Wunsch, mit frischen Augen zu sehen, ohne die Eintrübung durch Vermutungen und Projektionen, ist die Grundlage des Buddhismus. Vor zweitausendfünfhundert Jahren wagte sich der verwöhnte und behütete junge Siddhartha, der später der Buddha wurde, aus den Lustgärten hinaus, in denen er großgezogen wurde. Er bekam Dinge zu Gesicht, die nicht mit dem übereinstimmten, was ihm erzählt worden war. Er sah einen kranken Menschen, einen alten Menschen, einen Leichnam und einen Menschen, der auf der Suche nach Wahrheit umherwandelte. Diese Anblicke durchbrachen die angesammelten Geschichten, mit denen er aufgewachsen war, und er erkannte, dass es im Leben mehr gab, als er glaubte.

Indem er die vorgefertigten Antworten, die Überzeugungen, die ihn gestützt hatten, infrage stellte, fühlte Siddhartha den frischen Wind von Freiheit. Er verließ sein Zuhause auf der Suche nach dem Sinn des Lebens und der Ursache des Leidens. Er begab sich auf eine Reise und nahm dadurch seinen Platz in der langen Schlange der Reisenden auf der Heldenreise ein. Er reiste hierhin und dorthin, fand neue Vorstellungen, neue Formen von Yoga und Askese, immer weiter, immer mehr, bis er schließlich müde wurde. *„Hat das kein Ende?"* Die Suche nach dem Ende der endlosen Straße dient nur dazu, unsere Reise hinter den Horizont zu verlängern.

Also setzte er sich unter einen Bodhibaum und tat gar nichts. Vieles ereignete sich für ihn - spannende Visionen, furchterregende Visionen, alle möglichen Stimmungen und Gefühle, all die vertrauten Bestandteile seines Selbstbildes. Aber er saß einfach da. Die Erfahrungen kamen und gingen und er war immer noch da; nicht als das erzählende Konstrukt, für das er sich gehalten hatte, sondern als das offene Gewahrsein, das alles erhellt, ohne selbst etwas Greifbares zu sein. Er war im Urgrund der Erfahrung niedergelassen, als Beleuchter der Erfahrung, der selbst keine Erfahrung ist. Dies ist jenseits von Konzepten - es kann gelebt, aber nicht gesagt werden.

Dies ist die Grundlage aller Schulen und Methoden im Buddhismus. Buddhismus ist kein Pfad des Dogma, da er nicht behauptet, Glaubensvorstellungen über etwas reichten für das Erwachen aus. Eine neue Identität anzunehmen und Buddhist zu werden ist nicht dasselbe, wie ein Buddha zu sein, wach, präsent.

Ob die Gedanken, auf die wir bauen, eigennützig oder selbstlos, weltlich oder spirituell sind, sie können wie ein Schleier über der Offenheit des Daseins wirken. Wenn unsere Gedanken die Grenze unserer Erfahrung sind, rotieren wir innerhalb der scheinbaren Gegebenheit der Dinge, denen wir begegnen und treffen Entscheidungen auf der Grundlage unserer Selbstwahrnehmung. *„Ich weiß, was ich mag und ich mag, was ich kenne."* Auf diese Weise ist unser Potential begrenzt, da sowohl Objekt - dem wir begegnen - als auch Subjekt - derjenige, der auf jemanden oder etwas trifft

- innerhalb unserer gewohnten Erzählungen definiert und entwickelt werden: Wir denken und reden uns selbst und unsere Welt ins Dasein.

Dieses Eintauchen in unsere Gedanken, Gefühle, Erinnerungen usw. als Mittel zur Erzeugung von Bedeutung und Wert lässt uns immer weiter machen, denn jedes scheinbar endgültige Ziel wird beim Erreichen als lediglich eine andere Form von Bewegung aufgedeckt.

Das Ego wird aus der Illusion der Trennung geboren, dem Empfinden, dass das Selbst von der Umgebung abgeschnitten ist. Unser Ego erhält sich dann selbst, indem es Möglichkeiten ermittelt und Entscheidungen trifft, und zwar auf der Grundlage von entweder/oder statt beides/und. Es formt sich selbst, indem es entscheidet, was richtig oder das Beste ist und was es will oder vermeiden möchte. Dieses Wählen ist intolerant gegenüber dem Ganzen, Allem. Auswahlen werden hinsichtlich unserer speziellen Interessen getroffen, unserer Belange. Sie gründen in Vorlieben, weil wir einige Aspekte des Feldes besser finden als andere - nicht nur nützlicher, sondern besser. Dass wir einige Aspekte der Umgebung als 'an sich' besser ansehen als andere, bekräftigt die Rangfolge der Werte, und wenn wir unsere Nische darin finden, hilft uns das, unser Selbstwertgefühl zu wahren, die Kontinuität unserer persönlichen Identität. Der Wunsch, bessere Alternativen zu finden, richtet das selbst-bezogene Ego in Richtung Zukunft aus, in Richtung Fortschritt zu etwas Besserem.

Der Pfad zum Erwachen ist kein Pfad von 'Hier' nach 'Dort'. Es ist der Pfad des Nicht-Pfades von der Vorstellung des 'Hier' hin zur nicht-konzeptuellen Wirklichkeit des 'Hier'. Die Wirklichkeit des 'Hier' ist ursprünglich, innewohnend. Sie ist kein Konzept, keine Vorstellung, keine Beschreibung, keine Interpretation. Ebensowenig blockiert sie Vorstellungen und Interpretationen, da diese Teil des Flusses der musterbildenden Kreativität des Gewahrseins sind, der Klarheit, die immer bereits hier und jetzt ist, ohne irgendwo als etwas Festes und Beständiges auffindbar zu sein.

Innerhalb der großen Buddhismus-Familie ist die Herangehensweise des Dzogchen besonders hilfreich, um das Hauptaugenmerk auf die Kernfrage auszurichten, wer wir sind. Dzogchen bedeutet die 'Große Vollständigkeit'. 'Vollständigkeit' deutet an, dass nichts zu tun ist, dass keine Verbesserung oder Entwicklung erforderlich ist. 'Groß' weist auf Leerheit hin, das Fehlen inhärenter Eigen-Natur, das Fehlen jeglicher definierbaren und definierenden Essenz und Substanz. Dzogchen ist, wer wir sind. Jedes lebendige Wesen, jedes Individuum, ist Teil des Ganzen und nimmt am Ganzen teil. Wir leiden und irren in Verwirrung umher, wenn wir nicht in diesem Ganzen und als dieses Ganze ruhen, wenn wir 'Individuum' als das getrennte Gebilde verstehen, für das wir uns halten, das abseits steht. Zur Wirklichkeit der Ganzheit zu erwachen ist Befreiung vom Irrglauben des Getrenntseins.

Wenn es so einfach ist, wenn ich grundsätzlich okay bin, wenn ich Teil des Ganzen bin, warum weiß ich es dann nicht? Das Ganze ist kein Ding. Es ist kein Objekt des Wissens. Sich einige Vorstellungen 'darüber' anzueignen ist nicht dasselbe, wie sich selbst 'darin' zuhause zu fühlen. Es ist nichts, das wir in den Griff bekommen könnten - es hat keine Griffe, keine Kanten, keine Ritzen. Du, als schauende Person, kannst es nicht finden, wenn du weiter auf deine gewohnte Art schaust. Wir müssen entspannen und aufnehmen, was wir sehen, ohne uns in das, was ist, einzumischen. Das Ego sucht nach Identität durch Meinungen und Handlungen, die die Erscheinungen verändern. Wenn wir uns für das öffnen, was ist, ist da schlichte Klarheit, die sowohl Objekt als auch Subjekt erhellt. Mit diesem Eintauchen in die Leuchtkraft sind wir die unveränderliche Wahrheit dessen, was und wie wir immer waren und was und wie die Welt immer gewesen ist.

Wir müssen mit der Linie des Erwachens in Kontakt treten. Obwohl wir seit Anbeginn Teil des Ganzen gewesen sind, können wir dies nicht ohne die Hilfe eines anderen erkennen. Diese Tatsache mag sich für unser Ego wie ein fürchterlicher Affront anfühlen. Schließlich sind wir gebildet, wir sind kompetent, wir verstehen, was los ist. All das stimmt. Wir können verstehen, was los ist, weil wir Teil dessen sind, was vor sich geht - und was vor sich geht, ist alles, was wir wissen. Das ist unsere Begrenzung, unsere Ansammlung, unsere Gesamtheit. Wir halten einen Teil, unseren Teil, für das Ganze und das hält uns praktisch vom Ganzen getrennt, dem unbegrenzten Ganzen, von dem wir in Wirklichkeit nie getrennt waren.

Die Dzogchen-Linie beginnt mit Ganzheit, die als der uranfängliche Buddha Kuntu Zangpo aufleuchtet. Sein Name bedeutet *'immer schon gut, perfekt, vollständig'*, da er die leuchtende Präsenz der Ganzheit ist. Seine Fülle belebt Dorje Sempa, *'unzerstörbares Sein'*, der die Reinheit des Geistes unberührt von Verdunklung zeigt. Seine Einfachheit belebt wiederum Garab Dorje, *'unzerstörbare Zufriedenheit'*, die Zufriedenheit der Vollständigkeit. Garab Dorje manifestierte sich in unserer Welt und das war der Beginn der Erwachenslinie zur Ganzheit, die ununterbrochen durch die Zeit überliefert wurde und nun für uns als Dzogchen Lehre zugänglich ist.

Garab Dorje legte alles Benötigte in drei kurzen Aussagen dar: Öffne dich für die innewohnende Präsenz; verbleibe nicht im Zweifel darüber; fahre zufrieden damit fort, ohne nach etwas anderem zu suchen.

Der erste Punkt ist direkte Einführung. Dies hat zwei Aspekte, die aufeinander abgestimmt werden müssen, damit das Zusammenwirken ihrer Nicht-Dualität den Raum für Enthüllung öffnet. Direkte Einführung bedeutet, den Anfang zu finden, den Urgrund, die Basis, die Quelle, den Ausgangspunkt. Er ist da, genau genommen ist er hier, jetzt, da er der Grund unseres Seins, unserer Existenz ist; die Tatsache, dass wir sind, was immer wir auch sind. Die zwei Aspekte der Einführung sind derjenige, der einführt und derjenige, der eingeführt wird. Der Einführende oder Lehrer führt dich nicht in einen Wissensfundus, eine Ansammlung von Fakten, ein. Er führt dich in deinen eigenen Urgrund ein, was möglich ist, weil er in seinem eigenen Urgrund lebt, der nicht von deinem getrennt ist. Wäre er in seinem eigenen Urgrund nicht zuhause, sondern hätte nur Vorstellungen darüber, könnte er den Raum des Seins nicht für dich öffnen. Du würdest lediglich eine neue *'spirituelle'* Geschichte hören, die das Gleiche wäre wie immer, nur in einer schicken Verpackung.

Derjenige, der eingeführt wird, bist du. Du wirst dir selbst vorgestellt. Das mag sich lächerlich anhören, da du ja schon weißt, wer du bist. Aber wie wir bereits gesehen haben, ist dieses *'Wissen wer ich bin'* ein Konstrukt, ein kleines Floß, das im dunklen Meer der Unwissenheit gleitet. Wenn du an diesen Vorstellungen über dich selbst festhältst, wirst du selbst dafür sorgen, dass du dich nicht finden wirst.

Tatsächlich musst du 'dich selbst' verlieren oder vielmehr lösen, um die Ganzheit deiner selbst zu finden oder zu sein.

Der Lehrer hat die Fülle der Ausstrahlung der Leerheit und der Schüler hat die Fülle an Konzepten, Emotionen, Erwartungen usw. Um die Fülle des Urgrundes zu empfangen, müssen wir empfänglich sein - die erste und wichtigste Sache ist es also, uns selbst von allem zu entleeren, an dem wir anhaften, worauf wir uns stützen, das wir schützen, als sei es unsere eigene, wahre Identität. Das ist nicht so schwer, wenn wir uns eine Ruhepause gönnen. Hör auf. Der greifende Geist ist die Aufrechterhaltung des Ego. Das Ego strebt unaufhörlich danach, sich aus den Umständen der auftauchenden Erfahrungen zu bilden: dieses auswählen, jenes ablehnen. Und mit der Kunst der Selbsttäuschung bewohnt es dann diese vergängliche Formation als Aspekt seiner ewigen Existenz. Das Ego mag also Greifen, Verbindung, Identifizierung - das sind seine Mittel zum Überleben. Das tatsächliche Ganze wird aber nicht von dem Teil umfasst, den das Ego für das Ganze hält, dem scheinbar autonomen Selbst.

Meditation ist der Schauplatz, auf dem die Tricks des Ego ans Licht kommen. Indem wir einfach beobachten, was vor sich geht, erkennen wir, was wir tun und vorhaben. Alles, was ich bin, verschwindet im Augenblick seiner Darbietung. Wenn ich mich zum Beispiel daran erinnere, wie ich als Kind in Schottland am Strand gespielt habe, dann scheint mich diese Erinnerung dorthin zurück zu bringen. Es ist, als würde ich durch die Zeit reisen. Das ist der beruhigende Gefühlston, der mir das Gefühl gibt, dass ich nach all den Jahren immer noch 'ich' bin und fähig, das zu erinnern, was mir widerfahren ist. Etwas Beständiges wird geschaffen. Wirklich? Was eigentlich stattfindet ist das Entstehen und Vergehen von Gedanken, Gefühlen, Empfindungen. Zusammen erzeugen sie einen Gefühlston, der ebenfalls vergänglich ist. Die Bewegung erzeugt die Illusion von Stillstand, von Festigkeit, von Momenten, die andauern und sich selbst transzendieren.

Der Begriff 'Illusion' deutet an, dass etwas der Fall zu sein scheint, es aber nicht ist, wie eine Luftspiegelung an einem heißen Sommertag vor uns auf der Straße. Wir werden von der Illusion hereingelegt, wir werden durch sie getäuscht, bis wir erkennen, dass sie nicht das ist, was sie zu sein scheint. Aus der Täuschung, dass die Illusion wirklich sei, zu erwachen, ist der Weg zur Freiheit - selbst wenn es zu Beginn eine schmerzhafte Freiheit ist, weil wir uns so sehr auf die scheinbare Wirklichkeit der Illusion eingelassen haben.

Wenn wir einfach sitzen und die Erfahrungen beobachten, die den Inhalt des bloßen Sitzens bilden, sehen wir direkt, dass wir ein Fluss von Erfahrungen sind, von denen wir einige als Objekte und andere als Subjekte ansehen. Diese Erfahrungen entstehen und vergehen als Erscheinungen frei von wahrhafter Existenz. Nichts davon bleibt. Und dennoch gibt es die unstrittige Tatsache, dass wir immer noch hier sind.

Wenn also alles verschwindet, was mich zu 'mir' macht, und 'ich' immer noch da bin, wer ist dann derjenige, der immer noch da ist? Nachdem wir begonnen haben zu erkennen, dass alle Erscheinungen vergänglich sind, ohne feste Essenz oder greifbare Substanz, werden wir mit der Selbstbefreiung von Erfahrungen bekannt gemacht. Wir müssen uns nicht damit abmühen, unseren Geist zu reinigen oder zu leeren. Er ist selbst-leerend und selbst-reinigend und tatsächlich selbst-leer und selbst-rein.

Mit der Öffnung des Gewahrseins dafür, wie Erfahrung wirklich ist, können wir mit dem Lehrer arbeiten, um uns für die unaussprechliche Wahrheit des Erfahrenden, des Geistes selbst, zu öffnen. Das ist die Grundlage der direkten Einführung. Wenn unser Geist voller Konzepte ist, auf deren Gültigkeit an und für sich wir uns verlassen, hat unser Geist keinen Raum, um sich selbst aufgezeigt zu werden. Es gibt Voreingenommenheit, Selbst-Abkapselung, Ausschluss, Dunkelheit, die für Licht gehalten wird, Verdunklung, die für die Durchsichtigkeit offensichtlicher Wahrheit gehalten wird. Ein Schüler muss reif sein. Einige reifen innerhalb eines Tages, andere über einen Zeitraum von tausend Leben. Die Begrenzung ist der eigene Glaube, dass das Hängen an dem, was man weiß, notwendig ist. Dieser irrige Glaube verbirgt uns vor uns selbst. Lass es los, es wird ohnehin gehen. Wenn du aber am Hirngespinst von deiner eigenen persönlichen Stetigkeit als eine Wesenheit mit einer definierenden Essenz festhältst – *Ich bin ich, weil ich 'Ich' bin.* – dann bezeichnest du die Nacht als Tag.

Der Lehrer erzählt uns etwas über den Geist – weitere Konzepte. Aber der Lehrer ist die Offenheit des Geistes. Das ist die Übertragung: uns für das Hier-Sein desjenigen zu öffnen, der präsent ist, der aber nicht vorgibt, 'Etwas' zu sein. Die Offenheit des Lehrers und das Potential der Offenheit des Schülers begegnen sich wie zwei Himmel: keine Grenze, keine Trennung. Dies ist das Nirgendwo, in dem sich der Schüler wiederfindet, in dem er schon immer gewesen ist. Der Geist ist nackt, nicht bedeckt. Jeglicher Geistesinhalt ist flüchtig und die Nacktheit des Gewahrseins ist die Klarheit, die alle Erscheinungen erhellt. Der Geist ist frisch. Er hat keine Geschichte, er hat sich im Laufe der Zeit nicht entwickelt oder durch bestimmte Situationen Qualitäten oder Inhalte erworben. Jeder Moment ist frisch, die Darbietung des Urgrundes, vollständig in sich selbst, einfach wie er ist. Jeder Moment ist neu und bietet einen Neuanfang, wenn wir bei der Frische bleiben und diese nicht mit unseren Gewohnheiten und Projektionen überlagern.

Der Geist ist hell, leuchtend, erhellend - all das passiert im Geist selbst, ihn zeigend, aber nicht als seine Offenheit. Der Geist zeigt sich selbst als seine Darstellung, seine Ausstrahlung - die alles ist, was wir erleben, inklusive all dem, was wir für uns selbst halten. Das ist der Geist, aber man kann den Geist nicht auf der Grundlage seiner Darstellung definieren. Die Darstellung in ihrer ungreifbaren Gegenwärtigkeit und Lebendigkeit zeigt das auftauchende Potential des Geistes, dennoch schließt die Offenheit des Geistes Definition aus, und deshalb nutzen wir Metaphern und Vergleiche wie: Der Geist ist wie der Himmel, Gewahrsein ist wie die Sonne.

Das ist die Sicht. Bei dieser Sicht zu bleiben, offen zu sein für den Grund und als der Grund, ist die Meditation. Den Fluss der nicht-dualen oder integralen Energie nicht zu unterbrechen, ist die Handlung. Sich mühelos in der Untrennbarkeit von Offenheit, Klarheit und Erscheinung zuhause zu fühlen, ist das Ergebnis.

Garab Dorjes zweiter Punkt lautet, darüber nicht im Zweifel zu verbleiben. Im Zweifel zu sein bedeutet, unentschlossen zu sein. Einerseits gibt es diese Meinung, andererseits gibt es jene Auffassung. Das ist verunsichernd. Wie kann ich sicher sein? Es gibt so viele Informationsquellen, so viele Möglichkeiten werden geboten - was soll ich glauben, was soll ich tun? Wenn diese Fragen aufkommen, ist das ein Anzeichen dafür, dass man noch nicht vollständig zum ersten Punkt erwacht ist. Direkte Einführung ist ein Enthüllen dessen, was ist. Und was ist, ist einfach. Es ist nicht etwas, an das man glaubt und es ist kein Weg, dem man folgt. Die Große Vollständigkeit ist bereits vollständig. Du bist bereits vollständig, also öffne dich für diese Vollständigkeit und bleibe dabei. Dies ist nichts, was das Ego tun kann. Unsere egoistische, selbstbezogene Wahrnehmung von uns selbst wird immer zu Verschließen, Form, Definition, Identität neigen. Das Ego greift nach Aspekten des Inhaltes, um sich eine Füllung, eine Substanz, zu geben. Die vergängliche Natur dieses Flusses an Inhalten bedeutet, dass unser Ego immer unsicher ist, egal wie scheinbar selbstbewusst es seine Identität beteuert. Diese Spannungslinie nährt unsere Zweifel. Wir alle haben uns wiederholt mit Überzeugungen und Aktivitäten identifiziert, die später durch andere Objekte der Faszination ersetzt wurden. Wir ließen sie gehen und der Raum der Identität füllte sich mit anderen, neuen besten Freunden.

Wenn mein Geist so unbeständig ist, wenn ich so wechselhaft bin, wie kann ich dann meiner neuen Vorstellung über mich selbst trauen? Dieser Zweifel ist nützlich, wenn wir erkennen, dass er ein Gedanke über andere Gedanken ist. Gedanken sind von Natur aus unzuverlässig. Wenn du dein Leben auf Gedanken baust, wirst du immer damit beschäftigt sein, zu versuchen, deine instabile Konstruktion aufrecht zu erhalten. Das nennt man Samsara: das Umherirren von einem Moment zum nächsten, auf der Suche nach einer stabilen Zuflucht. Zu deinem wirklichen Sein zu erwachen, zur konkreten Wahrheit des Seins, das nicht aus Konzepten gebildet wurde, ist ganz anders. Es bedeutet, alle alten Stützen loszulassen, alle Hoffnungen und Ängste, Gewissheiten und Zweifel, auf die man sich verlassen hatte.

Zweifel füttern das Ego genauso wie Hoffnungen und Gewissheiten. Dennoch muss man Zweifel nicht beseitigen; man muss sich nicht dagegen entscheiden und eine heldenhafte Haltung unerschütterlicher Zuversicht einnehmen. Alle Inhalte des Geistes sind selbst-befreiend. Sie werden von selbst vergehen. Baue dein Haus also nicht auf Sand, Wasser, Feuer oder Wind. Der einzig stabile

Wohnsitz ist Raum, die unveränderliche Offenheit des Geistes. *'Verbleibe nicht im Zweifel'* bedeutet: Halte nicht an Zweifel als etwas Nützlichem fest. Lass ihn gehen. Lass alles gehen. Das Leben wird nicht aufhören. Die Welt wird nicht innehalten. Es ist nicht alles meine Aufgabe. Es ist nicht meine Entscheidung. Es ist, was es ist und niemand verbirgt das vor mir. Ich selbst verberge es vor mir, indem ich versuche, aus dem Treibgut der Ereignisse etwas Sicheres zu formen. Zufall deutet auf die hohlen Ambitionen des Ego hin. Das Leben durchkreuzt Pläne. Wenn sich also Zweifel und Unsicherheiten um unser zerbrechliches Selbstempfinden wickeln, dann entspanne, lasse zu, was passiert und beobachte das Vorüberziehen dieser gesamten Matrix. Wir verbleiben nur im Zweifel, wenn wir am Zweifel festhalten.

Der dritte Punkt lautet, damit fortzufahren, ohne etwas anderes zu suchen. Wir leben in modernen, komplexen Kulturen, in denen sich täglich neue Möglichkeiten eröffnen. Neue Technologien, Berufschancen, Beziehungen, Lebensmittel, Kleidung, Möglichkeiten für Vergnügen und zur Weiterbildung - und alle sind jederzeit verfügbar. Es gibt so viele faszinierende Dinge. *'Ich'* plus *'das'* ist vielleicht besser als *'ich wie ich bin'* - warum also nicht ausprobieren? Neue Erfahrungen erweitern den Geist. Das ist normalerweise richtig. Aber vertiefen sie den Geist? Bleiben wir durch mehr Erfahrung, mehr Abwechslung im Leben, bei demjenigen, der tatsächlich offenbart, dem Geist selbst?

Es gibt die Erfahrung, das, was ich bekomme, was mir oder für mich passiert. Und es gibt den Erfahrenden, der, für den ich mich halte, meine Subjektivität, derjenige, dem und für den die Erfahrung geschieht. Beide sind in ihrem Inhalt vergänglich, scheinen aber aufgrund unserer Konzepte über Selbst und Andere, Selbst und Erlebnisse, Selbst und Umgebung beständig zu sein. Jeder konkrete Inhalt verschwindet, doch die Konzepte finden immer neue Inhalte, die sie für sich proklamieren. Der Hunger des Ego, sein Mangel, führt dazu, dass es Überfluss als Mittel zum Überleben ansieht. Zufriedenheit und Erfüllung sind nicht genug. Ich brauche mehr, für den Reiz des Neuen; zu bekommen was ich will, sogar zu bekommen, was ich nicht will, gibt mir das Gefühl, am Leben zu sein. Dies ist die Wurzel der Verlockung der Ablenkung, des Abwendens von dem, was bereits hier ist hin zu dem, was woanders ist. Das Konkrete wird durch Phantasie ersetzt, man stellt sich etwas Besseres vor. Wir sind von einer Idee gefangen, weil wir bereit sind, gefangen zu werden. Wir werden in die Irre geführt, weil wir uns in die Irre führen lassen.

Es ist nicht notwendig, das Gegenmittel von Willenskraft und Anstrengung anzuwenden. Solche Methoden sind nicht nachhaltig, da der Energiefluss des Geistes niemals aufhört und wir leicht vergessen, dass wir uns etwas Wichtiges vorgenommen haben. Neue Möglichkeiten erscheinen in jedem Moment. Das ist der Reichtum und die Vielfältigkeit des Lebens. Und es ist alles selbst-befreiend. Was kommt, das kommt. Was geht, geht. Zu versuchen, der Komplexität der Unmittelbarkeit aller Erscheinungen in jedem Moment unseren mickrigen Willen aufzuerlegen, wird nicht funktionieren. Auch wird es nicht gelingen, selbstgefällig Vielfalt auszuklammern und bei Gewohnheiten zu verharren, denn dies ist ebenfalls unhaltbar, und unser selbstherrliches Empfinden, das Leben managen zu können, wird in Tränen enden. Bleibe bei dem, was ist, dann wirst du in der Offenheit des Seins verankert und gefestigt sein. Darüber hinaus wirst du entdecken, dass alles, alles, die Energie der Darstellung ist, der Glanz dieser Offenheit des Seins. Sein ist insofern unpersönlich, als dass man es nicht als etwas finden kann, auf das man Anspruch erheben kann, dennoch ist es nichts anderes als die Grundlage deiner Gegenwart, deiner Lebendigkeit, deines Lebens.

Sich in der Wirklichkeit des Seins zuhause zu fühlen hat drei Aspekte: Offenheit, Unmittelbarkeit und unbegrenztes Entstehen. Offenheit ist die Leerheit des Geistes, die Untrennbarkeit von Gewahrsein und unendlicher Gastfreundlichkeit des Raumes der Manifestation. 'Offen' bedeutet nicht geschlossen, nicht durch Grenzen, Definitionen, unveränderliche Kapazitäten oder etwas anderes eingeengt. 'Leer' bedeutet: frei von vermeintlicher Essenz oder Substanz. Es gibt nichts, das man festhalten kann - aber es gibt natürlich niemanden, der festhalten müsste! Die Offenheit ist nackt, roh, frisch, entspannt - einfach hier, immer hier, dennoch nicht einzufangen. Aus dieser Offenheit, mit dieser Offenheit gibt es die Unmittelbarkeit, die Klarheit der Präsenz. Der offene, leere Geist ist voll, voll von Farbe, Klang, Empfindung, Leben. Diese Fülle ist direkt, alles passiert zugleich. Erscheinung ist kein Konstrukt, sie wird nicht stufenweise errichtet, sondern ist mühelos voll, vollständig, perfekt in dem und als das, was sie ist. Das ist die Ausstrahlung des Geistes, so wie das Licht, das von der Sonne ausstrahlt, alles unmittelbar zeigt. Innerhalb dieses Feldes der Unmittelbarkeit, der Präsenz des Reichtums des Potentials des Geistes, gibt es die einzigartige Genauigkeit jedes Moments des Entstehens der Energie. Dies ist durchdringendes Entstehen, frei von Begrenzung. Es geht nicht von hier nach dort, sondern entsteht überall. Jede Erscheinung entsteht direkt aus dem immer-offenen Urgrund, jedoch ohne diesen zu verlassen.

Diese drei Aspekte sind unser Sein. Sie waren niemals getrennt, doch wenn wir Offenheit übersehen, wird Klarheit verdeckt und wir werden als ein trügerisches, isoliertes Selbst, das unendliches Entstehen zu stabilisieren versucht, zurückgelassen. Diese unmögliche Aufgabe ist die Quelle aller unzähligen Formen unserer Hoffnungen und Ängste und Versuche, dauerhaftes Glück zu finden. Von diesen ziemlich paranoiden Bemühungen abzulassen, befreit uns, um der zu sein, der wir immer gewesen sind.

Dies ist ein Buch. Also ist es voller Wörter. Der Zweck dieses Buches ist es, Wörter als Fluss, als Massage, als Stimmung, als Geste anzubieten. Wir wissen bereits eine Menge über viele Dinge. Wahrscheinlich brauchen wir keine weiteren Bausteine für unsere Selbst-Kreation. Mögen diese Wörter also stattdessen deine Fantasie beflügeln und mit dir im Fluss sein.

KRÄUSELN IM FLUSS

Im Fluss fließt die Strömung, die Welle,
Fluss von Bewegungen, langsame, schnelle
Bewegung nie vergehend
Ereignisse kurz nur im Raum bestehend
das Feste endet
das Stabile verschwindet
ohne Boot musst du treiben
lass das Rudern bleiben

DAS WIE DES JETZT

Das Wie des Jetzt
kann dich in den Wahnsinn treiben.
Denn Jetzt entzieht sich dem Wie
und Methoden erzeugen Leiden.

Der Spötter der Anstrengung
spielt sein Spiel.
Wonach du auch greifst -
Du hast nicht viel.

Weder kommend noch gehend -
Es ist einfach hier.
Sei mitten darin
und nichts schadet dir.

Lass die Methoden sein
denn es liegt nicht an dir.
Es geschieht als du;
was du brauchst, ist schon hier.

NACKT SEIN

Was du siehst und
denkst zu sein
wovon du glaubst
es wäre dein -
ist bloß Kleidung.

Kleidung kann verdecken
oder sie zeigt
die strahlende Quelle
die ihr Spiel endlos treibt.

Offen und nackt
kann man dich nicht fangen,
weder Suchender
noch Gesuchtes
kann zu dir gelangen.

Frisch, roh und einfach,
vollkommen ist unser Sein.
doch wir können Kleidung tragen,
um für andere da zu sein.

Süßes Geschenk des Nichts
unendlicher Raum
Paradox des Buddha
dem wir vertrau'n.

Von Moment zu Moment
entstehen wir in neuer Form
in seltsame Muster gekleidet
doch niemals geboren.

Es ist gut, wie es ist
doch ist es nicht, was es ist.
Das Denken verfehlt es –
es ist ein Schock, es ist ein Witz.

Nackt sein ist einfach
es gibt nichts zu tun.
Die Kleider kommen von selbst,
Zeit zu sein und auszuruh'n.

Niemand kann wissen
wie Nackt-sein ist;
du bist stets unverhüllt
wo auch immer du bist.

Bemühung ist sinnlos
und trübt das Wasser bloß.
Der Versuch zu entspannen
ist wirklich nutzlos!

Es ist was es ist
wie es immer schon war;
lass die Kleider entgleiten,
als Traum waren sie nur da.

WIND WEHT

Wind weht
Blätter bleiben
Wind ruht
Blätter fallen

Herbst-Wunderlichkeit
zeigt mir
mich selbst

DER GEIST FINDET SICH SELBST

Schaue nicht, wie du suchst, wenn du etwas verloren hast.

Schaue nicht wie ein Polizist, der einen Verdächtigen sucht.

Geh stattdessen wie ein Ornithologe in den Wald.

Finde einen ruhigen Platz und sitze still.

Der Vogel ist im Wald.

Vertraue dieser Wahrheit und laufe nicht rastlos umher.

Verwirre dich nicht selbst mit geschäftigen Gedanken von 'Ist er hier?', 'Ist er dort?'

Durch die Bewegung von Hoffnungen und Ängsten wirst du verlieren, was nicht verloren gehen kann.

Entspanne einfach,

Denn wenn der Vogel auftaucht

Ist dein Geist hier.

Er ist nicht das, wofür du ihn hältst.

RATSCHLAG ÜBER ZUFLUCHT

Hör auf,

Zuflucht in deinen Gedanken, Gefühlen und Empfindungen zu nehmen.

Hör auf,

Zuflucht in deinen Überzeugungen und Vermutungen zu nehmen.

Lass deinen Glauben an Subjekt und Objekt fallen.

Nimm Zuflucht im leeren Gewahrsein

Dessen Klarheit ist: Alles ist, was es ist.

Wenn du Zuflucht nimmst in der Täuschung, dass Illusion wirklich sei,

Wird Verwirrung mühelos andauern.

ALLE ERSCHEINUNGEN SIND OHNE ESSENZ

Jeder Gedanke wird vergehen, das ist seine Art.
Doch das Gewahrsein, das den Gedanken offenbart hat, bleibt.
Gewahrsein ist wie ein Spiegel, Gedanken sind wie Spiegelungen.
Spiegelungen erscheinen aufgrund von Ursachen und Umständen,
ohne Essenz, sie sind flüchtig und unzuverlässig.
Der Spiegel bewegt sich nicht,
dennoch entsteht eine Spiegelung nach der anderen.
Bewegst du dich als Reaktion auf die Spiegelung,
bist du selbst nur eine weitere Spiegelung
und wirst immer weiter umherstolpern, umherirren in Samsara.
Indem du dich nicht bewegst,
erkenne jede Bewegung als leere Täuschung.
Diese Weisheit erweckt Mitgefühl für alle verlorenen Wesen,
die unermüdlich ihre Hoffnungen auf Beständigkeit
auf dem grundlosen Grund errichten.
Die wahre Quelle des fleißigen Baumeisters ist unveränderlicher Raum.
Alles andere ist das Spiel des Geistes.
Wunderbar!

HIER IN DIESEM MOMENT

Hier in diesem Moment
ist Bewegung.
Es scheint, als bewegten wir uns,
dennoch bewegen wir uns nicht:
Gewahrsein bewegt sich nie.
Die Welt bewegt sich,
der Körper bewegt sich,
Worte bewegen sich,
aber unser wahres Sein bewegt sich nicht.
Sich nicht bewegend, ist es immer hier,
also ist keine Reise nötig, um es zu finden.
Unser wahres Sein ist nicht verborgen.
Es ist nicht hinter uns,
es ist nicht vor uns,
nicht nötig zu versuchen, es zu kaufen,
nicht nötig zu versuchen, es zu stehlen,
es ist einfach hier bei uns,
wo es schon immer gewesen ist.

SPIELERISCHE DARSTELLUNG

Kuntu, immer; Zangpo, gut.
Immer gut.
Die Grundlage ist lebendige Leerheit.
Ihr Feld ist unveränderliche Klarheit.
Ihre Energie ist genau dies.
Alles, überall, jederzeit gut.
Alles immer schon gut, wie auch immer es ist,
ob nützlich oder nutzlos,
glänzend oder trüb.
Kein Gelingen, kein Versagen,
kein Gewinnen, kein Verlieren.
Gestatte allen Erscheinungen, ihren Platz einzunehmen und dann zu gehen,
zu erscheinen und sich aufzulösen wie ein Traum.
Ohne Selbst oder Essenz -
jede Erscheinung das Geschenk des Raumes,
der Fluss der Energie des Geistes
in spielerischer Darstellung.

ICH SELBST BIN HIER EIN FREMDER

Ich selbst bin hier ein Fremder
bin sowohl fremd als auch entfremdet,
nicht wirklich zu Hause, außer
in dem Raum, der kein
Herrschaftsgebiet ist, der Raum,
der freigiebig ist gegenüber
allen Fremden, allen Fremdartigen,
die umherirren.
Dieser Raum untergräbt die Möglichkeit
der Entfremdung durch die
Leichtigkeit, mit der er die Wirklichkeit
des immer-schon-zu-Hause-Seins zeigt.

Wo also genau bin ich
der Fremde, sowohl fremd
als auch entfremdet? Ah, es ist hier an dieser
Stelle, die von ihrem eigenen Grund abgeschnitten wurde
durch die Flutwellen von Gedanken,
entfremdet allein durch den Überfluss meines
eigenen Glanzes; Kreativität hüllt
sich selbst in sich selbst ein; das Einzelne, Getrennte, Klägliche
ist nichts als eine Mulde im sich entfaltenden Fluss
unzähliger Möglichkeiten, zu Hause zu sein
als Offenheit, Feld und konkreter Moment.

RASTLOS

Jeder hat Leidensgeschichten. Wir alle erleben Probleme und Schwierigkeiten in unserem Leben. Aus buddhistischer Sicht sind sie jedoch nicht der Kern der Sache. Sie sind wie Blasen oder Schaum an der Oberfläche, kurzzeitige Störungen, durch tiefere strukturelle Fehler verursacht. Was uns wirklich schmerzt ist, nicht mit uns selbst in Frieden zu sein, nicht zu sein, wer wir wirklich sind. Durch die Entfremdung von uns selbst leben wir als Flüchtlinge, und Flüchtlinge machen eine schwere Zeit durch.

Als Flüchtling kann man sich nicht in sich selbst niederlassen, sondern fragt sich immer, was als nächstes passieren wird. Man hat keine stabile Grundlage, keine Befugnisse, nicht einmal einen Pass. Auf genau diese Heimatlosigkeit wird hingewiesen, wenn es in den Schriften heißt, dass wir endlos in Samsara irren. Ein tibetisches Wort für ein fühlendes Wesen ist ʻdro waʼ, ein Reisender, jemand, der in Bewegung ist. Wir jagen unaufhörlich diesem oder jenem nach, in der Hoffnung, dass die gefundenen Objekte uns eine wahre Zuflucht, ein echtes Zuhause bieten. Aber alle Situationen entstehen und vergehen. Wir glauben, irgendetwas oder irgendwo oder irgendjemand Sicheres und Geschütztes gefunden zu haben, und dann… verändert sich etwas… und ist weg. So ist es immer. Erscheinungen können uns nicht wirklich Sicherheit und Schutz bieten. Das ist keine Strafe. So ist das Leben einfach, solange wir nicht zu dem erwacht sind, wie wir wirklich sind.

GISCHT

Unbegrenztes weiträumiges Gewahrseins und die daraus entstehen-
den Gesten sind uranfänglich. Im großen Theater des Geistes spielen
sich unzählige Dramen ab. Diese Illusion als Illusion zu erkennen, ist
die Erleuchtung selbst. Die Spiele, die wir spielen - gut sein, böse sein,
Hoffnungen und Ängste haben - sind lediglich schäumende Wellen
an der Meeresoberfläche. Jedes Phänomen, alles was geschieht, gut,
schlecht, groß, gering, gewollt, ungewollt, ist vom ungeborenen Geist
nicht getrennt. Wie ein Traum, wie ein Regenbogen, zeigt das Leben
unbegrenzt Wunder.

ZUFLUCHT

Im Buddhismus beginnen wir unsere Praxis mit der Zufluchtnahme.
Wir nehmen Zuflucht zum Buddha, zum Dharma und zur Sangha und
auch zum Guru, den Meditationsgottheiten und den Dakinigöttinnen.
Wir können zu verschiedenen Stellen Zuflucht nehmen, aber der
Hauptpunkt ist es, aufzuhören, in unseren eigenen Gedanken,
unseren eigenen Vorstellungen und Überzeugungen Zuflucht zu
nehmen. Wer ist derjenige, der Zuflucht sucht? Wenn wir erkennen,
dass der Suchende ein Energiegebilde ist, ein Muster, das durch unser
stets ruhiges Gewahrsein offenbart wird, werden wir wahre Zuflucht
finden. Zuflucht in Gedanken darüber zu nehmen, wer derjenige
ist, wird uns aber in die Irre führen. Faules gewohnheitsmäßiges
Vertrauen wird uns immer wieder täuschen. Wenn wir Zuflucht in
Täuschung nehmen, wird die Verwirrung andauern, also erwache zu
deiner lebendigen Freiheit.

WAHRER FRIEDE

Wahrer Friede wird weder durch die Dinge erzeugt, die wir besitzen, noch durch Qualitäten unserer Umgebung, noch durch Qualitäten, die wir für unsere eigenen halten. Wahrer Friede ist eine Qualität von Zuflucht. Wenn wir erkennen, dass unser eigener Geist ungeborenes Gewahrsein ist, dass der Raum, in dem wir uns bewegen, die Unendlichkeit der grenzenlosen Gastfreundschaft des Dharmadhatu ist, des Bereiches aller Buddhas, und dass alles, was wir tun und dem wir begegnen, das ungeborene Mitgefühl der Einheit von Leerheit und Gewahrsein ist, dann können wir wahren Frieden finden, denn Greifen wird aufhören.

DAS LEBEN IST SCHON HIER

Entspanne und sei gegenwärtig mit dir selbst. Dies ist kein aktives Schauen nach etwas, sondern eine empfängliche Zugänglichkeit für das, was hier ist. Ohne Absicht ist Gewahrsein offen für das, was ist. Kein Auswählen, kein Vorurteil, kein Bearbeiten. Alles ist, wie es ist, und wir erhalten alles so, wie es ist. Der unendliche Moment ist voll und leer.

VERTRAUEN

Warum sind wir so geschäftig? Du musst gar nicht so viel tun. Gute Situationen werden sicher verschwinden. Schlechte Situationen werden sicher verschwinden. Hör auf zu planen. Das Leben wird geschehen, wie es auch immer geschieht. Wie es im Kinderreim heißt:

> *Die kleine Bo-Peep hat ihre Schafe verloren*
> *und weiß nicht, wo sie sie finden kann.*
> *Lass sie in Ruhe, dann kommen sie heim*
> *und wedeln mit ihren Schwänzen hintan.*

Alle Gedanken, alle Erfahrungen, die jemals erscheinen können, befreien sich von selbst. Ebenso wie die Schafe abends zu ihrer Heimatweide zurückkehren, entstehen Gedanken aus der Leerheit und kehren zu diesem Zuhause zurück, wenn ihr kurzer Moment der Darstellung vorüber ist. Unser Leben ist, so wie es ist, Teil des Flusses von Ereignissen. Unser Platz in der Welt wird uns jeden Tag offenbart. Damit arbeiten wir, weder als Meister noch als Sklaven. Dadurch können wir unser Leben so belassen, wie es ist, ohne ängstliche Verbesserungen oder Enttäuschung. Vertraute Muster werden so lange andauern wie ihre ursächliche Kraft. Wenn diese vorbei ist, lösen sie sich auf. Wir haben in diesem Leben schon so viele Leben gelebt. Wenn sich eine Form auflöst, setzt das Potential, aus dem sie entstanden ist, neue Formen frei. Die Klarheit des Geistes zeigt unaufhörlich den Fluss des Entstehens, die vorübergehende Gestalt seines kreativen Glanzes. Das Leben geht weiter: gehen, reden, essen, schlafen.

Die Suche nach substantiellen, verlässlichen Kern-Einheiten in den Erscheinungen führt zu Leid, während entspanntes, teilnehmendes Genießen des Flusses das Herz erheitert und andere erfreut. Wie William Blake schrieb:

Wenn einer Freude an sich bindet,
ihr beschwingtes Leben schwindet;
wer die Freude küsst im Flug,
hat der Sonne stets genug.

DER WEG NACH HIER IST WEIT

Ich sah dich und spürte Vertrauen und
Ein Verlangen, vorwärts zu kommen
Der Weg war nun offen und so hab ich
Die Gelegenheit wahrgenommen.

Doch es ist nicht so einfach
Denn wie du zweifellos siehst
Ist es das Bemühen, anzukommen
Was zurück mich zieht.

Das Streben nach Erleuchtung
Und der Versuch, zu sein wie du
Hielten mich ängstlich und strebsam
Und es gab immer mehr zu tun.

Ich betrog mich selbst
Durch Übersehen der Illusion
Das Leben wurde allzu real
Mit zunehmender Konfusion.

Ich habe versucht zu versuchen
Und dann versucht aufzugeben
Hab das Versuchen aufgegeben
Und das Aufgeben aufgegeben.

Auf dem Weg ins Hier
War ich keineswegs frei,
Weil es keinen Grund gibt für eine Reise
Ist der Weg: einfach zu sein.

BERUHIGENDE MEDITATION

In der Praxis der grundlegenden beruhigenden Meditation, die auch als Shine oder Shamatha bekannt ist, richten wir unsere Aufmerksamkeit auf ein schlichtes äußeres Objekt oder auf den Atemstrom an unseren Nasenlöchern. Wir formulieren die klare Absicht, dass wir uns nur darauf konzentrieren werden. Wann immer unser Geist abschweift, bringen wir ihn sanft zu unserem Fixpunkt zurück. In dieser Praxis verwenden wir eine bewusste Ausrichtung unserer Aufmerksamkeit, um uns selbst von unserer Verwicklung in die flüchtigen Inhalte unseres Geistes zu trennen. Durch diesen Vorsatz werden die aufkommenden Gedanken, Gefühle und Empfindungen neu eingestuft, verschoben von 'interessant' zu 'störend'. Wir befreien uns von unserer gewohnheitsmäßigen Tendenz, mit den verschiedenen auftauchenden Phänomenen zu verschmelzen und dann auf sie zu reagieren. Das Ziel ist es, abseits des sich immer verändernden Flusses der Erfahrung zu stehen, unsere Absicht zu vereinfachen und dadurch einen ruhigen Raum zu finden, der frei von Beansprucht-Sein und Abgelenkt-Sein ist.

Einige der aufkommenden Gedanken können sich ziemlich geräumig anfühlen, als erweiterten sie unseren Horizont, doch weil wir in sie vertieft sind, können wir sie nicht klar sehen. Unsere Einkapselung in jeden vergänglichen Moment erzeugt eine Dekontextualisierung, die uns aus der Welt dieses Momentes in die Welt des nächsten Momentes springen lässt. Seltsamerweise erzeugt gerade diese Isolation dieser Erfahrungsmomente die Illusion von Fortbestand, während wir von einem Moment in den nächsten schlüpfen. Dies wird begleitet von einem kraftraubenden unterschwelligen Gefühl von Fragmentierung und der gefühlten Notwendigkeit, alles zusammenhalten zu müssen. Diese Verantwortlichkeit erzeugt eine nervöse Spannung, die unsere weitere Verstrickung in und unser Interesse für die Erscheinungen nährt, während wir festzustellen versuchen, welche Bedrohungen oder Vorteile in jedem Ereignis vorhanden sein könnten.

In der Analyse der Zwei Wahrheiten im Mahayana-Buddhismus wird dies der Zustand der unreinen relativen Wahrheit genannt. Innerhalb dieser dualistischen Erfahrungsweise haben wir die Empfindung wahrhaft existierender Subjekte und Objekte. Diese Sicht wird als unrein beschrieben, weil das Subjekt sich selbst als wirklich real betrachtet und auch das Objekt als wirklich real ansieht. Diese verdinglichte Polarisierung erzeugt Beurteilungen und die Verzerrungen der fünf Geistesgifte, die behafteten Emotionen von Dummheit/Vermutung, Verlangen/Anhaftung, Zorn/Abneigung, Stolz und Eifersucht. Unsere Erfahrung neigt dazu, von affektiver Färbung durchdrungen zu sein, von emotionalem Tonfall, der zu einer Anreicherung oder Verfälschung dessen führt, was tatsächlich passiert. In diesem Zustand ist es für uns sehr schwierig, eine Situation zu betrachten, ohne direkt eine Meinung, eine Reaktion zu äußern, die dann zur Hauptaussage über die Situation wird und die wir mit auf den Weg nehmen. Die Meditationspraxis der Geistesruhe hilft uns zu lernen, wie wir zuhören, wie wir schmecken, wie wir berühren, ohne den frischen Raum der Erfahrung mit unseren gewohnten Ansichten und Vermutungen aufzufüllen.

Die Praxis des ruhigen Verweilens durchbricht unsere gewohnten Muster, indem sie eine Konzentration fördert, die simpel und klar ist. Sie hat keine komplexen Absichten und wird nicht durch Leidenschaft oder emotionale Anreicherung verbessert. Man kann sich nicht besser auf seinen Atem konzentrieren, wenn man wütend oder traurig oder voller Verlangen ist. In anderen Situationen mag es sich so anfühlen, als sei man konzentrierter, wenn man voller Begierde oder Wut ist, denn dann besteht eine starke energetische

Ausrichtung auf das gewählte Objekt. Wenn man wirklich genervt ist von jemandem, gibt es eine Art Tunnelblick und eine verstärkte Aufmerksamkeit für Details und man weiß genau über das Objekt seiner Wut oder Verärgerung Bescheid. Fokussiert man sich emotional erregt auf etwas, besetzt man es mit seinen Projektionen. Man glaubt, das Objekt klar zu sehen, erschafft es aber eigentlich aus seinen eigenen Projektionen, aus dem, was man ihm zuschreibt und für den Fall zu sein hält. Das unterscheidet sich jedoch sehr von einer ruhigen, klaren Aufmerksamkeit. Mit ruhiger Aufmerksamkeit kann das Objekt es selbst sein, ohne im Geist Geschäftigkeit, Vorstellungen und Verstärkungen hervorzurufen.

Je mehr wir den Geist beruhigen und je weniger anfällig wir selbst dafür sind, uns in den Erscheinungen zu verstricken, desto weiträumiger werden wir uns fühlen und desto eher können wir die tatsächliche Beschaffenheit dessen sehen, was erscheint. Wir sind sowohl stärker getrennt vom Geschehen als auch mehr damit verbunden. Wahre Verbindung beruht nicht auf Verschmelzung, sondern beginnt mit der Sichtweise; wir müssen getrennt sein, um sehen zu können. In Verschmelzung sehen wir nicht klar, und ebenso sehen wir bei Vermeidung nicht klar. Wenn wir klar sehen, genießen wir die Sicherheit, kein unter Beschuss geratenes Ding zu sein. Das Ego gibt vor, unabhängig zu sein, ist aber tatsächlich sehr leicht durch Umstände beeinflusst und verletzt. Unser Ego entwickelt ein breites Spektrum an Abwehrbewegungen – von denen keine wirklich erfolgreich ist, da das Ego Kontakt zur Umgebung benötigt, um existieren zu können. Unser ruhiger Geist ist nun, da er weniger reaktiv ist, in der Lage, Ereignisse geschehen zu lassen und sie mit einer achtsamen, un-beteiligten Aufmerksamkeit zu beobachten. Da unsere zielgerichtete Aufmerksamkeit ein Empfinden von Ruhe erzeugt, ist unser Geist weniger durch die Wellen von Hoffnung und Angst hin- und hergeworfen.

Ereignisse, Gedanken, Gefühle, Empfindungen usw. erscheinen wei-
terhin, scheinen aber zunehmend weniger mit uns zu tun zu haben.
Sie können uns nicht unterkriegen, kontrollieren oder überwältigen.
Erscheinungen tauchen als vorübergehende, täuschende Formen auf,
die sich im Raum unseres ruhigen Geistes bewegen. Wenn wir auf
diese Weise praktizieren, dann werden wir in dem verweilen, was
als reine relative Wahrheit bezeichnet wird. Darin identifizieren wir
uns immer noch mit dem Empfinden, dass *"ich als Subjekt hier bin und
Objekte erlebe"*, aber diese Objekte sind jetzt schlichter, da wir ihnen
nicht sagen, was sie sind. Wir sehen sie nicht gefiltert durch unsere
Sorgen bezüglich Gewinn und Verlust; Gewinn hinsichtlich unseres
Verlangens "Was kann ich mir hier zu Eigen machen" und Verlust
hinsichtlich der Abneigung, welche durch die Angst erzeugt wird,
unsere Gewissheit und Sicherheit könnten uns genommen werden.
Zu entspannen, weiträumig zu werden und alle Wesen in dieser
offenen Gelassenheit willkommen zu heißen, ist der Hauptweg aller
Mahayana Lehren, inklusive Tantra.

Einfach hindurch ziehen

Wenn wir uns in den offenen Raum entspannen, in die Präsenz der innewohnenden Reinheit des Herzens aller Buddhas, sind unser Geist und die Energie unseres Geistes hier, untrennbar in Nicht-Dualität. Wenn der offene Urgrund der Energie als 'wir selbst' gegenwärtig ist, wird ausschließlich Klarheit entstehen, wenn wir aber durch das Empfinden von Subjekt und Objekt als wirkliche Wesenheiten abgelenkt sind, werden alle Erscheinungen irreführend sein und verschleiern, wo wir tatsächlich sind. Die wesentliche Art mit dieser Täuschung umzugehen, besteht im Dzogchen darin, unsere Aufmerksamkeit einfach zurückzubringen zu dem und als der, der die Erfahrung macht. Dadurch entspannt sich unsere ausgerichtete Aufmerksamkeit in ihren eigenen Urgrund, unser ungeborenes offenes Gewahrsein.

Im Alltag sind wir häufig mit der Erfahrung verschmolzen; wir sind im Fluss der Ereignisse gefangen, als wären Handelnder und Handlung eins. Diese Erfahrungsweise kann sich angenehm anfühlen, wenn wir die Erfahrung mögen, dennoch mangelt es an Einsicht, da wir nicht erkennen können, was wir tun. Wenn wir ruhiges Fokussieren üben und unsere Aufmerksamkeit dann ausweiten, um den Fluss der Erfahrung wahrzunehmen, ist es, als ob wir von den Erscheinungen getrennt wären und sie beobachten könnten. Das ermöglicht uns, bewusstere Entscheidungen zu treffen, kann aber auch unser Empfinden, ein getrenntes Subjekt zu sein, das wissen, planen und handeln kann, verstärken.

Unsere Aufmerksamkeit ist als Qualität oder Fähigkeit unserer individuellen Identität jedoch nicht in sich selbst angesiedelt, da sie ein Objekt benötigt, um ihr eigenes Dasein zu stützen. Das Ego braucht Kontakt zu etwas anderem als sich selbst, deshalb ist unsere Aufmerksamkeit immer dafür anfällig, abgelenkt zu werden und sich im Fluss dualistischer Erfahrung zu verfangen.

Das Ego ist eine Abfolge vorübergehender Gebilde, die aufgrund von Ursachen und Umständen entstehen und vergehen. Solange unsere Identität um die Vorstellung eines Ego-Selbst errichtet wird, werden wir durch Umstände konditioniert sein. Selbst wenn wir Geistesruhe praktizieren und die Stufen ungestörter Konzentration hinaufsteigen, ist dies eine Praxis, um gute Ursachen für gute Ergebnisse zu schaffen. Wenn der Treibstoff aufgebraucht ist, kehrt unsere Rakete zur Erde zurück. Wir müssen einen Weg finden, zugänglich zu sein, ohne uns dabei zu verirren. Wir brauchen Präsenz, Raum und Zugänglichkeit ohne Anhaftung oder Abhängigkeit. Denn wenn wir etwas sehen, das uns glücklich macht, fühlt sich derjenige, der glücklich ist, wahrhaftig an und völlig glücklich, ist aber dennoch untrennbar ein Teil der vorübergehenden Erfahrung. Diese Tatsache sollte uns bewusst sein, denn falls in der nächsten Minute jemand etwas sagt, das uns nicht gefällt, lässt unser Glücksgefühl schnell nach. Sind wir jedoch glücklich, dann scheint uns unsere Fixierung auf die Intensität des Augenblicks in eine Blase einzuschließen. Wenn die Blase zerplatzt, sind wir in der nächsten Blase, und wenn diese dann zerplatzt, sind wir unmittelbar, nahtlos, in einer anderen. Dies erzeugt sowohl die Illusion eines dauerhaften, erkennbaren Selbst als auch einen Mangel an Aufmerksamkeit bezüglich der Widersprüche zwischen den Blasen-Momenten, von denen jeder einzelne als 'der Wahre' betrachtet wird.

Indem wir aber weder mit der Erfahrung verschmelzen noch abseits von ihr stehen und sie beobachten, erkennen wir im Dzogchen, dass unsere Aufmerksamkeit ein Aspekt der Energie des Gewahrseins ist. Also entspannen wir uns in unsere Präsenz als Erfahrender, und indem wir mit, in und als Erfahrender verweilen, finden wir uns selbst im ungeborenen Gewahrsein und als ungeborenes Gewahrsein.

Im Dzogchen wird dies durch das Beispiel der Kristallkugel verdeutlicht. Legt man eine Kristallkugel auf grünen Stoff, zeigt sie eine grüne Färbung, und legt man sie auf einen roten Stoff, zeigt sie eine rote Färbung. Die Kristallkugel selbst ist weder grün noch rot. Wenn wir in dem Augenblick, in dem die Kugel grün aussieht, sagen *'Dies ist eine grüne Kugel'*, dann ist das bloße Täuschung. Die Kugel sieht grün aus, ist es aber nicht. Aufgrund von Ursachen und Bedingungen erscheint sie grün, aber ihre tatsächliche Beschaffenheit ist nicht grün, sondern durchsichtig.

Die Wirklichkeit unseres Geistes ist wie diese durchsichtige Kugel, denn es scheint, als würden uns freudige Dinge glücklich machen und traurige Dinge traurig. Unser offenes, substanzloses Sein ist nicht-hindernd und ungehindert. Aufgrund von Ursachen und Bedingungen erleben wir viele unterschiedliche Dinge; Erfahrungen entstehen als Wechselspiel von Subjekt und Objekt, die sich im Gewahrseinsfeld zeigen. Wenn wir nicht erkennen, dass das der Fall ist, sind wir in einem dualistischen Schauplatz gefangen, in dem wir uns stark mit einer Polarität - *'ich selbst'* - identifizieren und viele Gedanken über die andere Polarität - *'alles andere'* - haben. Heften wir uns an die vorübergehenden Färbungen der Kristallkugel, dann erleben wir die unablässige Bewegung unseres Lebens in Samsara. Derjenige, der anhaftet, ist selbst eine Färbung. Wie seltsam, wie traurig, dass leere Illusion den Wesen, die selbst illusorisch sind, so viel Leid verursachen kann.

In der tibetischen Sprache werden fühlende Wesen häufig als *'dro wa'* bezeichnet, als Wesen, die sich pausenlos hierhin und dorthin bewegen. Tatsächlich aber, als unser wirkliches Sein, bewegen wir uns überhaupt nicht. Unser Geist selbst ist entspannt, offen und völlig stabil, und zeigt dennoch alle möglichen Arten von vorübergehenden Erscheinungen, von denen einige *'äußere'* und andere *'innere'* zu sein scheinen.

In jedem Augenblick ist dieses bestimmte Muster vorübergehender Erscheinung alles, was da ist. Erscheinung ist untrennbar vom Urgrund und verschwindet wie ein Regenbogen im Himmel. Wehren wir uns jedoch gegen die Tatsache, dass diese bestimmte Subjekt-Gestaltung verschwindet, und halten uns selbst für eine andauernde, vom Umfeld unabhängige Essenz, dann werden wir von einer Blase in die nächste geworfen. Wir übersehen unseren offenen Urgrund und die täuschende Darstellung und verwirren und leiten uns selbst wie Irre in die Täuschung von Verdinglichung und die daraus resultierenden selbst-rechtfertigenden Geschichten.

Eine der Eigenschaften von Unwissenheit ist das Gefühl von Verlorensein und Angst. Um uns unserer selbst zu vergewissern, sind wir ständig damit beschäftigt, uns selbst etwas zu tun zu geben. Diese Aktivität erzeugt unser Selbstempfinden und errichtet unsere Identität aus Mustern von Mögen und Nicht-Mögen, Erfolgen und Misserfolgen. Das ist ein echter Teufelskreis: Ich ignoriere den offenen Urgrund meines Seins und halte mich für die im Dialog mit anderen erzeugte Identität; diese Identität ist substanzlos, bedingt und unverlässlich und so bin ich permanent damit befasst, das Bauwerk meiner Selbst zu erhalten; dadurch bin ich beschäftigt und es mangelt an der ruhigen, offenen Präsenz, die mir ermöglichen würde, meinen offenen Daseinsgrund zu erkennen.

Fleißige, zielgerichtete Bewegung scheint unsere Sicherheit zu garantieren, aber Ereignisse durchkreuzen unsere Pläne, und die daraus resultierenden nervösen Erregungszustände verhindern unsere Entspannung. Unser Leiden scheint zu sagen: *'Tu mehr, mach es besser, streng dich mehr an'*, und das führt immer weiter weg von der immer-vorhandenen offenen Tür des Hier und Jetzt. Da wir mit dem Glauben an Anstrengung aufgewachsen sind, kann es schwierig sein, darauf zu vertrauen, dass Loslassen und Entspannen der Weg nach Hause sind.

Chem Chok Heruka Yab Yum

Dröhnende Leerheit
Täuschung zerstörend
Uns wild befreiend
Mit ungeborener Liebe

Der Lehrer

In einem bekannten tibetischen Zufluchtsgebet heißt es: "*Ich nehme Zuflucht zum Buddha, dem besten aller zweifüßigen Wesen. Ich nehme Zuflucht zum Dharma, der friedvoll und frei von Verlangen ist. Ich nehme Zuflucht zur Sangha, der höchsten Versammlung.*" Mein Lehrer sagte immer: "*Das höchste davon ist der Dharma, denn er ist friedvoll und frei von Verlangen. Der Buddha will, dass du Erleuchtung erlangst und die Sangha möchte dir zur Erleuchtung verhelfen, aber der Dharma will gar nichts von dir. Verwette dein Geld auf den Dharma!*" 'Frei von Verlangen' klingt sehr hübsch. Dharma ist einfach da. Er ist da, ob du ihn aufgreifst oder dich nicht mit ihm befasst. Er wird nicht beleidigt sein, wenn du kein Interesse an ihm hast. Er wird sich nicht erhaben fühlen, wenn du großes Interesse an ihm hast. Dharma ist einfach Dharma, und das ist eine sehr gute Zuflucht, weil sie immer da ist, offen und ohne Vorlieben oder Mitgliedsausweise. Er hat stets denselben Geschmack; jedes Mal, wenn du den Dharma praktizierst, findest du dieselbe Ausrichtung und dasselbe Willkommensein. Es ist nicht wie in einer Paarbeziehung, in der du mit deinem Partner sprichst und deine Worte seine Stimmung verändern, was wiederum dich beeinflusst. Deine Arbeit verändert sich, deine Kinder verändern sich, das Wetter verändert sich. Alles verändert sich, bis auf das, was sich nicht verändert. Was sich nicht verändert ist Leerheit und Offenheit. Das ist die wirkliche Bedeutung von Dharma.

Mein Hauptlehrer ist der verstorbene Chimed Rigdzin Lama, auch bekannt als CR Lama. Er war ein verheirateter Lama, der mit seiner Familie zusammenlebte und der etwas später, als ich ihn besser kannte, in Indien an einer Universität lehrte. Er war ein großer Gelehrter, eine sehr kraftvolle Person und überhaupt nicht heilig. Er war in seiner Lebensweise sehr gewöhnlich. Seine Eigenschaften zeigten sich, ohne dass er besondere Ansprüche für sich selbst erhob. In der Linie des

Tibetischen Buddhismus gibt es viele verschiedene Praxisstile. Einige Linien stellen sich selbst als sehr rein und heilig dar, d.h. sie setzen sich selbst in den Bereich des Heiligen und erzeugen eine Stimmung, die sich vom gewöhnlichen Leben unterscheidet. Wenn man diese Art von Umgebung betritt, hat man die Möglichkeit, etwas zu erleben, das nicht wie das gewöhnliche Dasein ist. Solche Umgebungen neigen dazu, ritualisiert und choreographiert zu sein, so dass jeder weiß, wo sein Platz ist und was er darf und was nicht. Mein Lehrer befand sich jedoch stark im gewöhnlichen Leben. Er interessierte sich sehr für Universitätspolitik, unterstützte seine Freunde und griff seine Feinde an. Das ist keine heilige Aktivität. Aber es ist so genüsslich! Ich war jahrelang sein Sekretär und musste, weil sein Englisch sehr sonderlich war, sehr beleidigende Briefe an wichtige Leute schreiben. Um seine Welt betreten zu können, musste ich viele der Vorstellungen darüber aufgeben, was ich für ein ordentliches Leben hielt.

Um praktizieren zu können, müssen wir letztendlich für uns einen Stil finden, der im Einklang mit der Energie unseres Potentials ist, die auf jedwede Situation, in der wir uns befinden, reagiert. Es war für mich ziemlich beunruhigend, mich im Mandala oder in der Umgebung von Rinpoche zu befinden, und dennoch war es auch befreiend. Es öffnete den Raum, um zu erkennen, dass die Welt tatsächlich ein Konstrukt unserer Vorstellungen und Annahmen ist. Um uns selbst von der relativen Wahrheit befreien zu können, von der Wahrheit, die auf Vergleichen und Entgegensetzen beruht, ist ein Vertrauensvorschuss notwendig. Die Ermutigung zu diesem Vorschuss war das wunderbare Geschenk von Rinpoche.

Das Wort 'Guru' hat viele Ursprünge. Eine wesentliche Herleitung, so erklärte mir mein Lehrer, ist mit dem Sanskrit-Begriff für 'Kuh' verbunden. Das kommt daher, dass man sich durch den Verzehr von Kuhfleisch sehr schwer fühlt und der Guru ein ziemlich schwerwiegender Typ ist. Im Grunde ist ein Guru jemand, der eine Belehrung gibt, die eine Transformation oder Erwachen bewirkt.

Der Guru verkörpert die ununterbrochene Übertragungslinie seit der Zeit des Buddha. Der wesentliche Aspekt des Guru ist, dass er viel über das nachgedacht und verstanden hat, was er gelernt hat. Er sollte das Gelernte tiefgründig praktiziert haben und zu dessen Wahrheit erwacht sein. Er sollte dann in der Lage sein, dies auf eine eindrucksvolle Weise Menschen auf allen Ebenen zu vermitteln, auf der Ebene des Körpers, des energetischen Systems, der Gefühle und der Denkweise. Dadurch kann er die Menschen darin unterstützen, sich zu verändern, ihren Blick so auszurichten, dass sie Lücken im Fluss ihrer Grundannahmen erkennen. Diese Lücken sind der erste Geschmack des Raumes, in dem sich das, was ist, selbst zeigt. Das ist die Aufgabe des Guru und dies kann formell, informell oder als Mischung aus beiden geschehen.

CR Lama erzählte einmal, dass er als Kind als Tulku erkannt wurde, als inkarnierter Lama, und deshalb sichtbar in klösterliche Rituale eingebunden werden und auf einem Thron neben anderen hohen Lamas sitzen musste. Immer wenn eine öffentliche Einweihung stattfand, kamen die Menschen aus dem Dorf und von außerhalb und am Schluss wurden einige Opfergaben gemacht. Der Hauptlama bekam die meisten Opfergaben, aber sogar sehr junge Tulkus wie CR Lama bekamen manchmal etwas. Gewöhnlicherweise wurden weiße Schals, sogenannte Khatas, dargeboten, aber das war nicht immer so. CR Lama saß da und jemand kam und hielt einen Khata hin. Lehnte sich Rinpoche nach vorne, um den Khata entgegen zu nehmen, dieser aber nicht für ihn bestimmt war, schlug ihm ein Lehrer neben ihm auf den Hinterkopf. Man muss lernen, nicht davon auszugehen, dass etwas für einen bestimmt ist, bis es wirklich dargeboten wird. Wurde es aber dann dargebracht, konnte man dennoch einen Schlag auf den Hinterkopf erhalten, weil man nicht unmittelbar auf die Geste reagiert hat. Nicht zurückhalten, nicht vorstürmen - man muss gänzlich präsent sein, genau hier.

Dies ist auch die grundlegende Anweisung für die Meditation. Weshalb? Weil es nicht unsere Aufgabe ist, zu mutmaßen, was andere Leute oder gar die Inhalte unseres eigenen Geistes tun werden.

Wir müssen präsent sein, offen und gewahr. Wir antworten, wenn es erforderlich ist. Wenn es nicht erforderlich ist, bleiben wir entspannt und dennoch aufmerksam. Wenn wir uns in Tagträumen oder Erwartungen verlieren, sind wir nicht hier. Das Land der Konzepte ist ein Nimmerland, der Bereich des Weismachens. Vieles dessen, was dort erscheint, ist faszinierend und zieht uns in Phantasiewelten, was nur zu weiteren Phantasien führt. Das ist etwas, das wir in uns selbst beobachten können. Schau genau hin und beobachte, wie oft du deine eigenen Erwartungen und Vorstellungen in die Welt einbringst und so tust, als wären sie der Fall. Wenn wir Macht haben, können wir die Umgebung zwingen, unsere Erwartungen eine Zeitlang zu erfüllen - doch früher oder später ist die Phantasie nicht mehr haltbar und wir werden verwirrt und enttäuscht zurückgelassen. Frisch zu sein heißt, dass wir in jedem Moment hier sind bei dem, was ist, nicht irgendwo anders bei dem, was sein könnte.

Als Chimed Rigdzin Rinpoche aus Tibet kam, hatte er die Gelegenheit, ein hübsches kleines Kloster in einem Ort namens Tsopema in den Bergen in Himachal Pradesh zu bewohnen. Das Klima ist dort sehr gut und das Kloster liegt an einem See, der von Padmasambhava gesegnet wurde. Perfekt. Er machte dort ein Retreat und kam ziemlich gut mit dem dortigen Herrscher, dem König von Zahor, zurecht, der dann sein Förderer wurde. Rinpoche hatte ein reizendes Foto, auf dem der König in Abendrobe und Fliege neben seinem großen Klavier zu sehen war, auf dem seine Frau in einem Ballkleid spielte. Welch eine entspannte, leichte Atmosphäre, durch die er geneigt war, zu bleiben. Wenn man ein Kloster hat, braucht man jedoch Geld, und wenn man Geld braucht, muss man den Förderern gefallen. Man verbringt eine Menge Zeit damit, blödsinnige Gespräche mit Leuten zu führen, die nicht wirklich praktizieren, sondern etwas Besonderes sein wollen. CR Lama hat also stattdessen eine Arbeit in einer indischen Universität angenommen und erhielt am Monatsende seinen Lohn. Ihm wurde ein Haus von der Universität zur Verfügung gestellt und ein Auftrag erteilt, den er zu erfüllen hatte. Er sagte, diese Situation sei besser. Den Launen und Marotten anderer Leute ausgesetzt zu sein, ist für den inneren Frieden nicht förderlich.

Der wichtigste Aspekt der Übertragung ist die Beziehung zum Lehrer. Der Lehrer ist der Ort der Leerheit, und die Verbindung mit dieser Leerheit kann die Grundlage unseres '*Sein in der Welt*' grundlegend verändern. Wir erkennen, dass der Lehrer aus dem Nichts heraus wirkt, aus dem Raum, und unmittelbar die Spontaneität des leeren Geistes zeigt. Und so sind alle Dinge. Der Lehrer ist der Besondere, der die Besonderheit des Gewöhnlichen aufzeigt. Dies ist die tiefgründige Besonderheit der alles-durchdringenden Leerheit.

Wenn wir jemanden als großen Lehrer ansehen, können wir glauben, dass er eine Manifestation des ursprünglichen Grundes ist. Obwohl wir uns selbst als gewöhnliche Wesen betrachten, sind wir ebenfalls Manifestationen dieses Grundes. Auf der Ebene von Beurteilungen und Bewertungen können wir sagen "*Diese Person ist wichtig, diese Person ist unwichtig*", aber hinsichtlich unserer Verbindung mit der offenen Urgrund-Quelle sind alle Wesen völlig gleichwertig. Entspannt und offen für den Grund zu bleiben, offenbart das mühelose Spiel der Manifestation. Diese Nicht-Dualität zu leben macht es einfacher, in der Welt zu handeln.

Eines der ersten Dinge, die Chimed Rigdzin zu mir gesagt hat, war, dass es keine Erleuchtungs-Spritze gibt. Es gibt keine Art Buddha-Substanz, die man sich besorgt und in den Arm injiziert und dadurch 'high' wird und in einen anderen Bewusstseinszustand eintritt. Indem man sich mit dem Dharma befasst, begibt man sich in ein Schauspiel, in dem all die eigenen Begrenzungen, Verwirrungen und falschen Sichtweisen an die Oberfläche gelangen. Zu lernen, die eigene Abhängigkeit von täuschenden Phänomenen zu lösen, erfordert, in der Klarheit des eigenen Geistes präsent zu sein - niemand kann das für dich tun. Wir lösen die Täuschung, indem wir uns für ihre Leerheit öffnen. Wir müssen uns der Inhalte unseres Geistes gewahr und mit ihnen intim werden - Intim-Sein ohne Befruchtung.

CR Lama hat oft gesagt, dass er Padmasambhava als erstes schlagen würde, wenn er ihn träfe. Warum? Wenn es der echte Padmasambhava wäre, hätte er einen Lichtkörper und es würde ihm nichts ausmachen. Tatsächlich wäre er sogar froh, dass er zumindest einen Schüler hätte, der selbstständig denken kann. Wäre es nicht der echte Padmasambhava, würde er verdammt schnell wegrennen. In jedem Falle wäre er, CR Lama, sicher. Naivität ist keine gute Grundlage, um den Dharma zu betreten. Das heißt nicht, dass wir keinen Glauben oder keine Hoffnung oder kein Vertrauen haben können, aber es bedarf einer gereiften Qualität, gewürzt mit einer gewissen Skepsis.

Als ich mit meinem Lehrer zusammen lebte, hatte ich ein kleines Zimmer im hinteren Teil des Hauses. Das Zimmer war vollgestellt mit vielen Blechkisten voller Papier und es war darin sehr heiß. Es gab ein Fenster ohne Fensterscheibe, aber mit Gitterstäben, und ich hielt die Fensterläden meist geöffnet. Als ich eines Tages aus dem Dorf nach Hause kam, öffnete ich das Vorhängeschloss an der Tür, ging hinein und sah, wie sich eine Schlange am Boden bewegte. Ich ging zur Frau meines Lehrers und fragte, ob sie einen langen Stock hätte, um die Schlange aus dem Zimmer zu befördern. Dann kam mein Lehrer vorbei und fragte, was ich da täte, denn ich lag auf dem Boden und versuchte, die Schlange mit dem Stock aus der Zimmerecke zu jagen. "*Ich versuche, die Schlange loszuwerden*", antwortete ich. "*Das einzig Gefährliche hier bist du!*", antwortete er und ging weg. Genau so ist es… Es ist unser eigener Geist, der gefährlich ist. Es gibt viele Schlangen in Indien, aber die meisten sind überhaupt nicht gefährlich. Ich habe grundlos viel Aufhebens gemacht.

Unruhe ist nicht grundsätzlich schlecht; das Problem ist unsere Verwicklung in die Unruhe. Als ich in Indien mit meinem Lehrer Texte übersetzte, haben wir im Hinterhof gearbeitet. Zu dieser Zeit hielt er Hunde auf dem Dach, die ununterbrochen bellten. Die Haushaltshilfe war ziemlich laut und schlug Töpfe und Pfannen zusammen. Rinpoches Frau schrie die Hausangestellte an, diese schrie zurück und ich sollte die Übersetzung für den Druck vorbereiten. Der Schreiber saß neben mir am Tisch und arbeitete sehr schnell. Immer wenn er fertig war, klopfte er mit den Fingern auf den Tisch. Viele verschiedene Dinge geschahen in unserer ziemlich chaotischen Umgebung, und alle hatten ihre Berechtigung. Der zentrale Punkt ist, dass wir die Wahl haben, ob wir abgelenkt sind oder nicht. Wenn wir warten, bis die Bedingungen perfekt sind, dann können wir lange warten.

Alle möglichen Daseinsformen entstehen in der weiträumigen Sphäre der Enthüllung. Woher kommen sie? Sie kommen aus dem Raum selbst, sie sind die Formen des Raumes. Der Raum zeigt sich selbst als diese Formen. Ebenso zeigt die Leerheit des Geistes die Formen unserer verschiedenen Gedanken und Gefühle. Warum zeigt sie diese verschiedenen Formen? Als ich meinem Lehrer diese Frage stellte, sagte er: "*Nun, wenn du Kuntuzangpo triffst, dann frag ihn.*" Das hieß: "*Halt die Klappe und beobachte deinen eigenen Geist.*" Manche Fragen sind dumm und es ist nicht hilfreich, sie zu stellen. 'Warum' ist meist ein sehr gefährliches Wort, denn es zeigt, dass wir alles intellektuell erfassen wollen. Sinnvoll ist die Frage nach demjenigen, der die Frage stellt. Wenn es Herr Klugscheißer ist, ist es vermutlich nicht sinnvoll, weiter zu machen. Wenn es Herr Bescheiden ist, kommt man vielleicht weiter, da uns offene Nachforschung ohne Voreingenommenheit zum Ort unseres schlichten Gewahrseins führen kann.

Wir können Schwierigkeiten bekommen, wenn wir Beweise sammeln, bevor wir uns für einen Lehrer oder eine Belehrung entscheiden. Manche Leute sagen: "*Bevor man eine Entscheidung trifft, sollte man den Lehrer zwölf Jahre lang geprüft haben.*" Aber bis dahin könnte er gestorben sein. Wie kann man also sicher sein? Ich erinnere mich, dass ich gemeinsam mit CR Lama einen Text übersetzte und feststellte, dass es einen Widerspruch zwischen der Beschreibung in diesem Text und der in einem anderen Text, an dem wir gearbeitet hatten, gab. Ich wies Rinpoche darauf hin und er sagte: *"Wer hat dich beauftragt, den Dharma zu überprüfen? Arbeitest du für die CIA?"* Das ist das Problem. Wer bin ich, dass ich herausfinde, welcher Text der Wahre ist? Es gibt eine Zeit für Überprüfungen und es gibt eine Zeit für Vertrauen. Die Klugheit unserer Intuition, die süße Schnelligkeit des Geistes selbst, ist in der Regel verlässlicher und nützlicher als die Schlussfolgerung, die wir aus Konzepten errichten. Wir sind die dankbaren Empfänger des Dharma und müssen einfach nur essen, was uns auf den Teller gegeben wird. *"Aber vielleicht ist es das Falsche."* Dann ist das unser Pech. Wenn wir aber essen, was wir bekommen, werden wir die Vorteile und Begrenzungen dieser Situation direkt erfahren. Überprüfe die Situation durch Teilnahme, beobachte deinen Geist - dann hast du einen guten Anhaltspunkt für deine Entscheidung. Verbleiben wir im Bereich von Nachdenken, Beurteilen und Untersuchen, dann halten wir die Radnabe der Konzepte aufrecht. Alle Speichen treffen sich in uns, während wir vergleichen und unterscheiden, und unser Ego bleibt das Maß aller Dinge.

Schattenländer

Innewohnende Angst blühte
früh in mir auf, ihr Misstrauensduft
durchdrang jede Erfahrung.

Das Lied von Angst, Sorge
und Rache übertönte
die Rhythmen, zu denen sich andere bewegten.

Meinen Halt im Tanz der Welt verloren,
irrte ich
allein, misstrauisch gegenüber allen, die ich in der
Wüste traf, die mich umgab,
hilfsbedürftig und unbehaglich.

Teilnahme war einseitig,
verstohlen, unhaltbar,
voller Verlangen, doch hoffnungslos,
getrieben, doch unbefriedigt.

Misstrauen öffnet das Schattenland,
wo sich Einsamkeit in Angst und Verachtung verbirgt.
Entfremdeter Raum, genutzt
als Heimatrevier für
meinesgleichen, die, Verrat und
Demütigung fürchtend, das Leben verraten,
indem sie dem Tod gestatten, die Braut zu küssen.

Auswege in die Transzendenz locken die Heimatlosen,
versprechen den Sieg abseits der Herausforderungen der Zugehörigkeit.
Die aufgehende Sonne verlockte diesen
Entmutigten, Wütenden zur Phantasie eines Neuanfangs.

Doch alte Lasten trug ich in meinem Blut,
in meinen Knochen und höchsten Erwartungen;
das Licht der Hoffnung brach sich
in kaum erkannten verbitterten Annahmen.

Über dich selbst sagtest du:
"Ich traue niemandem,
und schon gar nicht traue ich
mir selbst."

Ich, treuer Schüler, glaubte
dir, und praktizierte das höhere Misstrauen,
denn ich vertraute meiner Interpretation
von dir.

Die Jahre vergingen in Mühe, mit der Entwicklung
des Heiligen, und Sägemehl füllte meinen Mund.
Offenheit, Raum, Liebe
verstärkten meine Verbitterung, während ich mich bemühte,
all das zu verstehen, was ich nicht
zulassen konnte. Meine eigenen Grenzen begrenzten die
Welt, da meine banale Selbstausrichtung
mich blind, frustriert und rechthaberisch bleiben ließ.
Ich habe es nicht verstanden.

Ich habe nichts mitbekommen,
weil du es nicht gegeben hast.
Ich habe nichts mitbekommen,
weil ich unwürdig war.

Dass es nichts mitzubekommen gab,
nun, das blieb durch die Erregung
rein theoretisch.
Dass wir finden, wonach wir suchen,
ist eine wohlbekannte und schmerzhafte Tatsache.

Wiederholter Schmerz enttarnte meine Sehnsucht
nach Glück als rein oberflächlich.
Die Tränen waren kein Zufall,
sondern kennzeichneten die Ankunft am tieferen Ziel.

Du erkanntest das zerbrochene Fundament meines Selbst,
erkanntest, dass es zu instabil zum Bebauen ist
und hast es gütig für mich zum Einsturz gebracht.
Ich aber, im Sträuben gegen den heilsamen freien Fall,
klammerte mich an Bruchstücke und warf dir vor,
mich verlassen zu haben.

Ich wollte Sicherheit, doch
du warst noch gütiger.
Sowie sich die Bruchstücke nach Jahren des
Umherirrens abgekühlt haben, nehmen sie
ihren Platz im Raum als Raum ein,
als kleine Regenbögen, die erfreuen,
wenn sie nicht festgehalten werden.

Du bist gegangen. Nicht fortgegangen,
sondern hineingegangen in das Vergehen
des dialogischen Kampfes, des
endlosen Rätsels. Du bist
nicht jemand anderer, und so kommt
das Selbst nach Hause in das Feld, das es nie verlassen hat.
Dich als getrennt zu sehen, dich als speziell zu betrachten,
war nur ein weiterer Zug im Spiel des
"Lass uns ein Gefängnis bauen".

Wahrheit ist intransitiv, sie
durchquert kein Gebiet, kommt nirgendwo an,
ist auf niemanden angewiesen.

Vertrauen ist, ist einfach,
unendlich, allein,
das Feld, das alles willkommen heißt.

Vertrauen erfordert keine Gläubigkeit oder Glauben,
ist weder Gedanke noch Gefühl:
Es ist die schlichte Offenheit des Herzens,
die unendliche Gastfreundlichkeit,
die das Gewahrsein den Erscheinungen bietet.

Ich habe ein langes Gebet über das westliche Paradies Sukhavati studiert, das von einem Kagyü Lama geschrieben wurde. Der Zweck dieses Gedichtes ist es, eine Grundlage für eine Verbindung zu schaffen, so dass man nach dem Tod in diesem glückseligen westlichen Paradies wiedergeboren wird. Der Text beschreibt ganz wunderbar, wie nach dem Tod des herrschenden Buddha Amitabha dessen Nachfolge von Chenrezi angetreten wird und diesem wiederum Vajrapani folgt. Im Gebet wird gesagt, wie lange jeder einzelne der Herrscher dieses wunderschönen Buddhabereiches ist. Später arbeitete ich an einem anderen Text, der etwas völlig anderes über die Zukunft Chenrezis besagte. Es wurde nicht einmal erwähnt, dass er nach Sukhavati gehen würde. Ich fragte CR Lama, wie das sein könne. Er sagte: "*Nun, wenn du das eine Buch liest, dann glaube, was darin steht. Wenn du das andere Buch liest, dann glaube das, was darin beschrieben ist. Wenn du versuchst, die Bücher miteinander zu vergleichen, wirst du verrückt.*" Ich denke, das ist wahr. Vertrauen und ein offenes Herz bringen uns tiefer und weiter als kritisches Lesen.

Besondere Belehrungen, besondere Statuen, besondere Lehrer sind nur besonders hinsichtlich unserer Beziehung zu ihnen. Die Frage ist, ob wir diese Beziehung auf sinnvolle Weise nutzen oder nicht. Wir können unsere Verbindung zu dieser gefühlten Besonderheit nutzen, um unser eigenes Ego aufzublähen, oder wir können sie nutzen, um unsere Hingabe für die Praxis zu entwickeln. Objektive Wahrheit und subjektive Erfahrung stimmen selten überein. Aus buddhistischer Sicht hat alles grundsätzlich denselben Wert, da Leerheit die Quelle von allem ist. Alle fühlenden Wesen sind in Leerheit gleich, obwohl ihre Erscheinungen vielfältig sind. Dies ist ihr wahrer Wert und sollte geachtet werden. In allen Wesen ist Buddha vollständig im Potential ihres Urgrundes vorhanden. Wenn wir uns vor dem Guru verbeugen, dann sollten wir uns auch vor allen anderen Wesen verbeugen, denn wir verbeugen uns vor dem Buddha im Guru und nicht vor seiner Persönlichkeit. Nichts ist besonders, und dennoch ist alles besonders. Qualitäten entstehen aufgrund von Ursachen und Umständen; sie kommen und gehen. Wenn wir das erkennen, können wir entspannen und uns für alles öffnen. Nur die unzerstörbare Vajra-Offenheit verändert sich niemals und ist somit wirklich verlässlich. Sie ist im Herzen aller Wesen vorhanden.

Ein zentraler Faktor im Umgang mit den sich verändernden Umständen in der Welt ist die Freiheit zu haben, weg zu gehen. Wenn man Situationen, die in eine Sackgasse geraten sind, nicht verlässt, dann lässt man sich auf Absprachen mit ihren Begrenzungen ein. Man ist gefangen. Eine der besten Belehrungen, die ich je von CR Lama erhielt, war: "*Kauf dir immer eine Rückfahrkarte.*" Wohin du auch gehst, hab deine Rückfahrkarte dabei. Rinpoche hatte Erfahrungen damit, zu Belehrungen zu reisen und das bedeutete, mit vielen Menschen zusammen zu sein. Manchmal verhielten sich diese Menschen ihm gegenüber sehr seltsam. Am Telefon sagten sie zunächst: "*Oh Rinpoche, bitte komm zu uns, oh bitte Rinpoche, wir tun alles für dich.*" Aber als er dann dort war, boten sie ihm nur ihr eigenes Lieblingsessen an und waren ihm gegenüber nicht sehr rücksichtsvoll. Nachdem er einmal in einem fremden Land in dieser Situation gefangen war und keine Rückfahrkarte hatte, entschied er, nie wieder derart gefangen zu sein. "*Verlasse die Situation, wenn sie nicht nutzbringend ist.*" Das ist sehr wichtig. Sich verwirrten Leuten auszuliefern führt zu nichts Sinnvollem.

Mein Lehrer verhielt sich häufig in einer Art und Weise, die ich absolut unverschämt fand. Ich konnte sein Verhalten einfach nicht verstehen. Er sah in Situationen bestimmt viel mehr Möglichkeiten als ich. Er konnte enorm großzügig und freundlich sein und gab vielen Menschen Geld, Zeit und Zuwendung, versorgte die westlichen Heimatlosen und Streuner, die durch Indien wanderten, nahm sie in seinem Haus auf und war unglaublich gütig und höflich. Er konnte auch äußerst direkt sein.

Einmal reisten wir gemeinsam zu einer Tagung in Benares. Bei unserer Ankunft stiegen wir aus dem Zug mit unserem Gepäck und unseren Unterlagen, die in einer großen Blechtruhe verpackt waren, welche Griffe auf jeder Seite hatte. Rinpoche rief einen Gepäckträger, der die Truhe auf seinen Kopf lud und sie zu einer Tonga trug, einer Pferdekutsche, die vor dem Bahnhofseingang geparkt war. Wir wollten nach Sarnath, dem Ort, an dem Buddha den Dharma zuerst gelehrt hatte. Als wir an der Tonga ankamen, verlangte der Gepäckträger eine Menge Geld in der Erwartung, wir würden um den tatsächlichen Preis feilschen. Mein Lehrer sagte aber zu ihm: *"Ich werde dir niemals diesen Preis für deine Arbeit zahlen. Ich zahle nicht hier. Wir tragen diese Truhen jetzt zurück zum Zug. Dort werde ich dich bezahlen, aber nicht hier, denn du bist ein Lügner und Betrüger."* Dann sagte er zu mir: *"Okay, hilf mir, diese Truhen auf seinen Kopf zu stellen."* Der Gepäckträger lehnte sich nach vorne und richtete seinen kleinen roten Turban, um die Truhe entgegen zu nehmen. Ich hielt den einen Griff und mein Lehrer den anderen. Plötzlich hob Rinpoche seine Seite der Truhe hoch und schlug sie auf den Kopf des Gepäckträgers. Paff! Der Träger fiel um. Dann gab mein Lehrer ihm die gesamte geforderte Summe, wir stiegen in die Tonga und fuhren los. Was sollte das alles? Ich verstand es überhaupt nicht. Rinpoche meinte nur: *"Tja, solche Dinge passieren."*

Später gingen wir dann zu der Tagung, und nachmittags liefen wir um den Stupa und Rinpoche gab den Bettlern dort eine Menge Geld. So war das Leben mit ihm. Es gab eine ganze Bandbreite an Handlungen, die für mich schwer zu verstehen waren. Ich wollte, dass er ein 'guter' Lehrer war, entsprechend meiner Kriterien, aber meine Schablonen von richtig und falsch konnten nicht umfassen, wie er war. Sein Durchbrechen meiner Annahmen war häufig verwirrend und erzeugte in mir viele gegensätzliche Gefühle. Zu versuchen, aus ihm schlau zu werden, herauszufinden was los war, entpuppte sich nach und nach als Zeitverschwendung. Er war, wie er war - direkt, furchtlos, schamlos, direkt im Mittelpunkt der Situation. Dies zu analysieren führte nur dazu, dass ich außen vor blieb, beurteilte und in Konzepten versank.

Indem ich lernte, ihn so sein zu lassen, wie er war, konnte ich zumindest ein wenig lernen, mich selbst 'ich' sein zu lassen. Wie Wellen im Fluss des Lebens liegt der 'Sinn' im Hier-und-Jetzt-Sein. Ich weiß nicht, warum er das tat, was er tat. Jedenfalls tat er es.

Heutzutage gibt es einen enormen Glückseligkeits-Kult und ein buddhistischer Mönch wird sogar als 'der glücklichste Mensch der Welt' bezeichnet... aber ist das das Wichtigste im Leben? CR Lama war häufig nicht glücklich, er hatte oft schlechte Laune und behielt das nicht für sich; er hat es mitfühlend mit allen anderen geteilt! Er hat in seiner Praxis gelebt. Er hat nichts blockiert oder verändert oder sich gekünstelt verhalten. Er arbeitete mit der Manifestation der Energie seines Lebens, so wie sie erschien. Für uns wäre es einfacher gewesen, wenn er ständig nett und freundlich gewesen wäre, denn dann wäre das Leben leicht und reibungslos gewesen. Rinpoche aber geriet häufig mit anderen aneinander. Tatsächlich genoss er es, mit Leuten aneinander zu geraten, als wollte er sagen: "*Sei nicht so heuchlerisch. Man gewinnt nichts, indem man vorgibt, jemand anderes zu sein. Tu nicht so, als seist du besser als du bist, glücklicher als du bist. Verstell dich nicht.*" In der äußeren Welt ist es natürlich manchmal notwendig, sich freundlich zu verhalten, und bei gesellschaftlichen Veranstaltungen konnte er sehr charmant zu Leuten sein. So arbeitete er mit ihren Begrenzungen; bei seinen Schülern war das anders.

Es gibt ein kurzes Lobgedicht für Padmasambhava, das er sehr mochte. Es beginnt mit *Ma Choe Troe Dral Lama Choe Kyi Ku: Der Dharmakaya-Lama ist frei von Künstlichkeit und Phantasiegebilden.* Genau diese Eigenschaft von CR Lama ist es, die ich beschreibe. Es bedeutet, offen zu sein und zuzulassen, dass das Spiel trügerischer Erscheinungen sich selbst durch dich zeigt. Indem man am Drama des eigenen Daseins teilnimmt, wird man berührt und bewegt, ohne jemals berührt und bewegt zu werden. Innewohnende Offenheit ist unzerstörbar.

Obwohl unsere wahre, unmittelbare Präsenz immer offen ist, werden wir plötzlich ohne bestimmten Grund von einem Gedanken eingefangen. Durch dieses Gefangen-Werden 'entstehen' wir als die Täuschung von 'ich, mich, selbst'. Dies geschieht weder infolge eines Fluches oder durch Launen eines Gottes, noch ist es eine Strafe. Es ist einfach ein Moment, in dem die spontane, mühelose Selbst-Befreiung der Phänomene eine Pause einzulegen scheint. Es gibt einen selbst-reflexiven Impuls und es entsteht eine Vorstellung, die leer und flüchtig ist, aber dennoch irgendwie 'klebrig'. Sie scheint sich an eine andere Vorstellung zu heften und dann scheint eine Kette verbundener Gedanken die Offenheit des Gewahrseins zu verdecken, so wie kleine Nebeltröpfchen sich zu Wolken verbinden, die den Himmel scheinbar verdecken.

Mein Lehrer erklärte mir, dass dieses Weggleiten und diese Anhaftung wie ein betrunkener Mann ist, der die Treppe hinunter fällt. Er kommt unten an und "Huch??" Zuerst entsteht eine Orientierungslosigkeit, dann entstehen Gedanken und scheinen eine Vergewisserung darzustellen. Weil er ihnen vertraut, kann er seine Lage nicht unmittelbar erkennen, entspannen und sich orientieren. Stattdessen entwickelt er Vorstellungen darüber, wo er ist. Weil er die innewohnende Präsenz der Wirklichkeit aus den Augen verliert, indem er versucht aus der Situation schlau zu werden, sieht er sich der endlosen Frage "Was passiert hier?" gegenüber. Er versucht ängstlich, die Lücke zu füllen, die durch diese Frage entstanden ist und lebt dadurch in einem Strom von Antworten, von denen jede einzelne rasch wieder verschwindet und die Lücke wieder freilegt. Je ernster die Gedanken genommen werden, desto eher entwickeln und verstärken sie das Gefühl von 'ich bin ich und du bist du' und verstärken dualistische Trennung. Auf dieser Grundlage halten wir das täuschende Empfinden von Selbst und Anderen für wirklich, und diese Täuschung setzt das Perpetuum Mobile des Karma in Bewegung.

Rinpoche erklärte mir, dass man Leder weich machen kann, indem man es mit Butter einreibt; nutzen wir aber Lederbeutel, um Butter darin aufzubewahren, so trocknet das Leder nach einiger Zeit aus und wird hart und brüchig. Gleichermaßen werden wir selbst wie ein fester, brüchiger Lederbeutel, wenn wir den Dharma in uns aufbewahren, ohne ihn zu nutzen. Wir werden zu Experten, die die Worte des Dharma benutzen, doch der eigentliche Reichtum des Dharma, die Butter darin, erweicht uns nicht. Wir müssen den Dharma in unsere Haut und unser Herz einreiben, indem wir uns ganz und gar der täglichen Praxis widmen.

Als ich mit CR Lama in Shantiniketan lebte, gab es dort eine Frau, die ehemals an der Universität gelehrt hatte und die später verwirrt und manchmal ziemlich verrückt war. Ihre Familie hatte Schwierigkeiten, damit umzugehen, da die gebildete bengalische Gesellschaft sehr korrekt und ein wenig verklemmt war. Als sie einmal in einem ziemlich verwirrten und schutzbedürftigen Zustand war, wollte Rinpoches Frau sie zu uns ins Haus bringen, um bei uns zu wohnen. Er sagte zu seiner Frau: "*Wenn du sie herholst, dann kümmerst du dich um sie. Wenn du Zeit und Kraft hast, um dich neben vier Kindern, drei Hunden und meinen Schülern noch um eine verrückte Frau zu kümmern - viel Spaß! Aber ich habe damit nichts zu tun. Also überlege es dir gut. Wenn sie herkommt, bitte mich nicht, sie wieder wegzuschicken!*" Natürlich brachte sie die Frau nicht in unser Haus. Es war eine nette Idee, aber in Wirklichkeit ist es nicht sinnvoll, eine verstörte Person ins Haus zu holen, wenn man bereits überstrapaziert ist. Das wäre Mitgefühl ohne Weisheit. Wir müssen mit den Umständen arbeiten, und das beinhaltet den gegenwärtigen Zustand unserer eigenen Kapazität.

CR Lama sagte häufig zu mir: *"Vermische dein Essen nicht mit deiner Scheiße."* Das erklärt eine Menge. Essen geht in die eine Öffnung und Scheiße kommt aus einer anderen. Als guter Landwirt kann man die Scheiße nehmen und sie auf dem Feld verteilen, um mehr Essen wachsen zu lassen, aber man möchte die beiden nicht direkt mischen. Unser Essen ist unsere unmittelbare Präsenz, die völlige Einfachheit des Seins. Sie ist weder *'dies'* noch *'jenes'*; sie ist weder groß noch klein; sie ist weder männlich noch weiblich. Nur Sein, einfaches Sein, reines Sein offenbart sich, indem es als 'dies' und 'das' erscheint. *'Dies und das'* zu sein ist die Energie, die Manifestation des Daseinsgrundes, der immer offen ist. Der Grund und seine Manifestation sind nicht zwei Dinge und sie sind nicht eins. Sie sind nicht-dual, nah auf eine Art und Weise, wie der Spiegel und seine Spiegelbilder sehr nah beieinander sind. Weil wir in der Dualität leben und in Begriffen von *'dies'* und *'das'* denken, trennen wir sie in unserem Geist; weil sie aber so dicht zusammen sind, vermischen wir sie und leben in Verwirrung.

CR Lama sagte immer: *"Nichts ist besonders."* Nichts ist speziell, alles ist das Gleiche. Das ist Kuntuzangpo, immer gut, überall gut. Manchmal haben wir das Gefühl, eine besondere Botschaft zu erhalten, etwas wirklich Wichtiges wie eine Vision oder einen Traum oder dass es eine besondere Aufgabe in unserem Leben gibt. Vielleicht ist das tatsächlich wahr, aber wenn du es glaubst, wird es dich täuschen. Wenn es besonders ist, wird es an und für sich besonders sein; du musst es in keiner Weise verstärken oder darauf bauen.

CR Lama sagte, dass die besten Dharma-Praktizierenden ein wenig einfältig und dumm seien. Ihr Geist ist nicht die ganze Zeit beschäftigt. Sie haben nicht das Gefühl, etwas beherrschen oder für etwas verantwortlich sein zu müssen, also machen sie einfach ihre Praxis. Wir können zu schlau für unser eigenes Wohlergehen sein.

Wir können uns selbst voraus sein. Stellen wir fest, dass wir uns in einer solchen Lage befinden, dann müssen wir verlangsamen und einfach bei uns selbst sein, als wir selbst. Wir müssen lauschen, wie wir selbst sind. Wenn wir uns selbst zuhören, entdecken wir aus unserer eigenen Verkörperung heraus viele direkte Anweisungen dafür, wie wir unser Leben leben sollten. Dies befreit uns von unnötiger und nutzloser Verwicklung in die Turbulenzen vorübergehender Ereignisse.

Als ich den ersten Durchgang von Niederwerfungen abgeschlossen hatte, erzählte ich meinem Lehrer: "*Ich habe die Niederwerfungen erledigt.*" Er fragte: "*Und, bist du müde?*" "*Ja*", antwortete ich. "*Gut*", meinte er. "*Jetzt betrachte deinen Geist.*" Dann erklärte er, dass der einzige Zweck von Niederwerfungen der ist, müde zu werden, weshalb man viele davon nacheinander machen soll. Hundert am Tag zu machen ist nicht hilfreich. Man sollte so viele machen, bis man völlig erschöpft ist, und dann mit dem eigenen Geist sitzen. Es hängt aber vom Lehrer ab. Manche Lehrer sagen: "*Du kannst jeden Tag hundert von jedem der fünf Bereiche der vorbereitenden Übungen machen und nach etwa drei Jahren wird alles erledigt sein.*" Wir können uns auf das Verdienst der Praxis ausrichten oder wir nutzen sie, um unseren Geist zu entdecken.

Eine der Aufgaben des Lehrers ist es, sich nicht für dich zu interessieren. Du bist nicht so faszinierend, wie du glaubst.

Mein Lehrer erzählte, wie er als junger Mann bei einem seiner Onkel Medizin studierte. Die Studenten erhielten die Aufgabe, loszugehen und alle Dinge mitzubringen, die nicht als Medizin dienen können.

Ihnen wurde gesagt, dass sie dadurch erkennen würden, was nicht förderlich wäre. Die Studenten gingen los, schauten auf allen Bergen und brachten verschiedene Pflanzen mit. CR Lama kehrte jedoch ohne etwas zurück. Sein Onkel sagte: "*Richtig! Alles ist Medizin. Wenn man weiß, wie man sie nutzt, sind Steine, Pflanzen, Wasser aus verschiedenen Tümpeln und alles andere Medizin. Nichts ist nutzlos.*" Dies ist das Herzstück unserer Dharmapraxis. Wir versuchen zu erkennen, dass jeder Aspekt von uns selbst nützlich ist. Selbst unser Zorn ist nützlich. Sobald wir Dinge auf diese Weise betrachten, bekommt Mitgefühl eine andere Bedeutung. Wenn wir das, was wir normalerweise als unsere schlechten Neigungen ansehen, als wirklich hilfreich erachten, erkennen wir, dass die schlechten Neigungen anderer Menschen ebenfalls nützlich sind. Anstatt anderen Menschen dabei zu helfen, sich zu verändern, verschiebt sich der Schwerpunkt des Mitgefühls und wir helfen Menschen zu erkennen, was sie tun und wer derjenige ist, der etwas tut.

Vertrauen ist ein Weg sich zu öffnen, und das beinhaltet, zu erkennen, ob wir in einer Weise leben, die unser Potential begrenzt. Auch wenn wir Mudras erlernen können, geht es in der Praxis nicht speziell darum, ob wir Mudras richtig ausführen können. Es geht darum, den Körper als Bewegung zu erleben, als gefühlvolle Bewegung. Das konnten wir alle bei CR Lama erkennen. Er hat seinen Körper auf wundervolle Weise bewegt. Er hatte eine sehr klare und kraftvolle, ästhetische Empfindsamkeit. Oftmals trug er sehr seltsame Kleidung. Jemand schenkte ihm ein komisches orangefarbenes Gewand und er zog es an. Ich erinnere mich daran, wie er in Wales ein pfirsichfarbenes Nylon-Negligée trug. Er kaufte sich auch einen rosafarbenen gesteppten Morgenmantel für Frauen, den er gerne trug. Er sah immer wunderbar aus, denn er war vollständig in sich selbst zuhause. Er dachte nicht: "*Oh, was sollen die Leute von mir denken, wenn sie mich so sehen?*" Er war einfach in sich selbst zuhause. "*Oh, ich mag das!*"

CR Lama erinnerte uns oft: "*Verlasse dieses Leben nicht mit leeren Händen. Verschwende deine Zeit nicht. Schätze dich selbst. Mach die Praxis. Hab Vertrauen in Padmasambhava.*" Die besondere Belehrung von CR Lama war, dass man einsgerichtet zu Padmasambhava beten soll. Betet man mit vollem Vertrauen, ohne jeglichen Zweifel, dann treffen sich die Energiesysteme des Körpers im Herzen. Dein Geist wird leer und in diesem Moment kannst du dein wahres Sein erkennen.

Alle Buddhas und Bodhisattvas haben das Versprechen gegeben, uns zu helfen. Mein Lehrer sagte, dass der Buddha uns mit Sicherheit helfen wird, wenn wir zu ihm beten. Zweifle nicht daran. Unsere Texte beschreiben immer wieder, dass Zweifel ein großes Hindernis sind, da es zu einem Nachdenken über etwas führt anstatt zu direkter Erfahrung. Zweifel durchtrennen die Regenbogenbrücke zwischen unserem Herzen und den Herzen aller Buddhas.

Praktizieren wir den Dharma, um allen Wesen zu helfen oder um den Menschen, die uns nahestehen, zu nützen? CR Lama pflegte zu sagen: "*Es gibt kein Verdienst innerhalb der Familie*", womit er meinte, dass die Fürsorge für die Familie kein tugendhaftes Verhalten ist, da die Familie ein Aspekt unserer selbst ist; sie ist unsere Welt. Sich um seine Kinder zu kümmern bedeutet gewissermaßen, sich um sich selbst zu kümmern. Sich um die Kinder anderer Leute zu kümmern ist jedoch etwas anderes, denn hier besteht keine Pflicht, kein Zwang oder die Identifizierung mit der Familie; man muss die Grenzen der eigenen Interessen überschreiten, um zugänglich für jemanden zu sein, der wirklich jemand anders ist. Auf dem Pfad des Mahayana wird viel Zeit damit verbracht, darüber nachzudenken, wie man andere Menschen bewusster wahrnimmt, rücksichtsvoller ihnen gegenüber wird, einfühlsamer auf sie eingeht. Und auch dann müssen wir uns noch fragen: "*Welches Eigeninteresse habe ich daran, diesem Menschen zu helfen?*" Nur wenn kein Eigeninteresse besteht, wird es eine selbstlose Geste.

CR Lama sagte immer: "*Wenn ein Yogi mitten auf der Straße Sex hat, wird es niemand bemerken. Wenn jedoch gewöhnliche Menschen Sex im Gebüsch haben, starren alle hin.*" Er selbst war häufig schamlos, machte sich keine Gedanken darüber, ob er unhöflich war oder nicht. Er war nicht zügellos oder wollte mit etwas durchkommen, weil er ein Lama war. Er lebte vielmehr genau im Moment, in der Vergänglichkeit, in der Selbstbefreiung aller Phänomene - dies ist der Raum des ungreifbaren Gewahrseins.

CR Lama lebte in einer kleinen Universitätsstadt in Indien. Eigentlich war es kleiner als eine Stadt, eher wie ein Dorf. Er mochte es gar nicht, zu Fuß zu gehen, deshalb standen immer Rikschas vor dem Haus bereit. Er fuhr immer mit der Rikscha zur Arbeit, und manchmal ging er einfach in seinem Lungi, einem kurzen Wickeltuch, und einem T-Shirt. Seine Frau kam dann raus und schrie ihn an: "*Oh, so kannst du doch nicht zur Arbeit gehen! Schäm dich! Was machst du da?*" Und er antwortete: "*Was glaubst du, wer zur Arbeit geht, CR Lama oder CR Lamas Kleider?*" Wenn du in der offenen Klarheit verweilst, ist jedes und alles in Ordnung. Fühlst du dich aber an das gebunden, was andere Leute über dich denken könnten, dann wirst du - weil es viele Leute mit vielen verschiedenen Gedanken gibt - ständig damit beschäftigt sein, zu vermuten, was sie von dir erwarten und befürchten, dass du diese Erwartungen nicht erfüllen könntest.

CR Lama sagte immer, dass er Menschen mit gebrochenen Händen nicht mag, womit er Leute meinte, die nur redeten. Er mochte Leute, die Dinge auch taten. Wenn Dinge gemacht werden müssen, macht man sie und dann sind sie erledigt. Auf diese Weise ist das Leben sehr einfach. Zeitverschwendung bindet uns an die lineare Zeit. Wenn man etwas nicht erledigt, wenn es ansteht, muss man immer daran denken, dass man es noch nicht erledigt hat. Man verlegt es in die Zukunft und kann dann nicht voll und ganz in der Gegenwart sein, weil man daran denken muss, in der Zukunft das zu erledigen, was eigentlich in die Vergangenheit gehört!

Die Grundlage von Ethik in der Praxis des Dzogchen besteht darin, sich nicht in Identifikationen und interpretativen Strukturen zu verlieren, sondern in der unmittelbaren Frische der gelebten Situation zu verweilen. Auf diese Weise erkennen wir, dass alle Manifestationen die Energie des Urgrundes sind, selbst-entstehend und selbst-befreiend. Als CR Lama einmal in Tsopema in Nordindien im Retreat war, brach ein Dieb in sein Haus ein und stahl viele wertvolle Gegenstände, unter anderem den Schmuck seiner Frau. Seine Frau wollte, dass er zur Polizei geht, aber er meinte: "*Glaubst du nicht an Karma? Karma wird den Dieb bestrafen. Das ist nicht meine Aufgabe. Lass es los.*" Dies ist eine sehr offene Reaktion auf die Situation. Normalerweise haben wir Hoffnungen und Ängste und sind damit befasst, jemanden ins Gefängnis zu bringen - alles nur, weil wir '*Gerechtigkeit*' wollen. Wenn wir jedoch Karma verstehen, dann werden wir ausgeraubt, weil es das Ergebnis einer unserer eigenen früheren Handlungen ist. Wer ist der Verbrecher? Wer ist der Bösewicht? Es ist nicht möglich, das zu unterscheiden. Erkenne, dass jede Situation komplex und gleichzeitig einfach in ihrer immanenten Reinheit ist und bleibe entspannt und offen.

In der tibetischen Tradition gibt es für alles ein Mantra. Es gibt Mantras für die Feuerstelle, um Bier herzustellen, um zu verhindern, dass das Bier schlecht wird. Es gibt Mantras, um verschollene Schafe wieder zu finden und andere Mantras, um verlorene Kühe zu finden. Das ist wirklich so. Als ich begann, Tibetisch zu lernen, ging ich nach Bodhgaya. Dort wurden rund um den großen Tempel jede Menge Bücher verkauft, und ich kaufte einige, zeigte sie zu Hause meinem Lehrer und sagte: "*Schau mal, ich habe all diese tollen Bücher gekauft. Welches soll ich lesen?*" Er schaute sie durch und sagte: "*Also, dieses hier ist für jemanden, der seine Kuh verloren hat. Dies ist das Gebet und das Mantra, das du rezitieren musst, damit die Kuh zurückkommt.*" In Tibet war das natürlich sehr wichtig. Man benötigt Milch und braucht deshalb eine Kuh, und wenn sie verloren geht, hat man ein Problem. Wenn man glaubt, dass der Dharma Schutz im Leben bietet, dann wendet man sich natürlich für Hilfe an den Lama. Wenn der Lama ein Buch mit einem Gebet hat, das er vorlesen kann, dann ist er davon überzeugt, im Namen des Buddha etwas Nützliches zu tun, um dem Mann dabei zu helfen, seine verlorene Kuh wieder zu finden. Der Mann wird dankbar sein; er bekommt seine Kuh zurück und kann etwas Milch oder Butter darbringen. Dies ist ein verzahntes Wertesystem. Einige Werte sind weltlich und andere sind spirituell, und sie wirken zusammen. Das Gebet für die verschollene Kuh ist in ein symbolisches Feld eingebettet und hat einen nützlichen Zweck, da der Dharma so durch diese Kultur gestützt wird und Teil von ihr ist. Für uns Westler sind diese Gebete allerdings nicht allzu nützlich, da wir Weisheit und Mitgefühl entwickeln wollen und keine Kühe haben. Wir müssen damit beginnen, unsere eigene Situation zu betrachten. Dies zeigt dann, welche Dharma Praxis notwendig ist.

Die Kreativität des Geistes hat keine Grenzen. Viele Ideen und Erfindungen, sowohl gute als auch schlechte, entstehen durch Ursachen und Bedingungen. Alles, was sich uns darbietet, ist die täuschende Bewegung der Energie des Geistes, die an sich leer ist. Für uns besteht die Gefahr darin, dass wir all diese möglichen Erscheinungen für wahrhaft echt halten, und das verdammt uns zur scheinbaren Notwendigkeit endloser Aktivität. Was die Praxis betrifft, so brauchen wir nur eine tantrische Praxis, eine Gottheit. Wir beten zur Gottheit, verschmelzen mit ihr, sind in der Leerheit und entstehen mit Klarheit daraus. Eine ist genug.

Die Tibeter sagen oft über sich selbst: "*In Indien machen die Menschen eine Praxis und werden erleuchtet. In Tibet machen wir hunderte Praktiken und niemand wird erleuchtet.*" Sie haben diese Redensart, weil sie so viel Dharma haben, und alles davon ist wertvoll. Wir müssen Verantwortung für unsere Dharma-Praxis übernehmen und unsere eigentliche Absicht nicht aus den Augen verlieren.

CR Lama sagte über sich selbst: "*Ich bin der Spitzenreiter unter den Lügnern und Schwindlern.*" Dies ist eine sehr wichtige Belehrung. Sobald du erkennst, wie du dich selbst belügst, sobald du erkennst, wie du dich selbst betrügst, stehst du am Anfang echter Praxis. Wenn wir in Meditation sitzen, erkennen wir, auf wie viele Arten und Weisen wir uns selbst täuschen. Viele, viele Gedanken tauchen auf, die uns leicht einfangen und auf vielerlei Weise geben wir uns allem hin, was erscheint. Die Grundlage der Praxis ist es, ehrlich uns selbst gegenüber zu sein und mit allen Erscheinungen zu arbeiten, ohne Selbstgefälligkeit oder Vorwürfe. Hältst du dich aber für einen 'heiligen, buddhistischen Praktizierenden', der etwas 'hat', wirst du sehr wahrscheinlich in diesen Anschauungen einschlafen. Dann wird die Frische des Moments des Verstehens nur eine Erinnerung, die du benutzt, um dich selbst zu trösten. Es ist sehr wichtig zu prüfen, inwiefern wir uns selbst betrügen. Zu sagen "*Jetzt, da ich es verstehe, werde ich es nicht wieder tun*" ist die eine Sache, aber diese Absicht währt nicht sehr lange, da unsere Gewohnheiten bald wieder zurückkehren. Es geht nicht darum, unnachgiebig zu sein; Sanftheit ist immer sehr viel besser. Sei ganz nah an deiner Erfahrung und in deiner Verwirrung und Verlorenheit freundlich dir selbst gegenüber, und führe dich behutsam zurück zum Herzstück der Praxis.

Schwachsinniges Mitgefühl, wie CR Lama es nannte, bedeutet, im Kummer anderer Menschen zu schwelgen. Wahres und hilfreiches Mitgefühl, im Tibetischen *nyingje*, bedeutet, einen edlen Geist zu haben. Ein edler Geist ist ein Geist mit Würde. Häufig verlieren Menschen ihre Würde, wenn sie in ihrem Kummer gefangen sind. Sie werden hilflos und untätig und möchten gerettet werden. Der wirkliche Weg, um Menschen zu helfen, ist es, sie zu ihrer Würde zurückzuführen. Wenn man jemanden darin unterstützt, ein Opfer zu sein, abhängig, wertlos und hoffnungslos, dann ist das eine Beleidigung seiner wirklichen Daseinsgrundlage, seiner eigenen immer reinen Quelle.

Es gibt tausende Bücher über Dzogchen. Wie kann es sein, dass in einer Tradition, die mit Garab Dorjes drei kurzen prägnanten Aussagen begann, zehntausende Bücher entstanden? Weil die Leute gedankliche Ausarbeitungen mögen. Sie können es einfach nicht dabei belassen, wie es ist. Ich hatte das Glück, dass CR Lama nicht gerne redete und alles auf sehr einfache Weise sagte. Er sagte: "*Tiefe und Licht, offenes, leeres Gewahrsein. Das ist genug. Dadurch wirst du die Wirklichkeit deines eigenen Geistes sehen. Es ist nicht so schwierig. Das musst du tun. Bleibe allen Erscheinungen gegenüber entspannt und offen. Tu nichts darüber hinaus. Und jetzt sieh zu, dass du dich nicht verirrst!*" Mehr muss nicht sein. Wenn man das aber nicht versteht, dann kann man jede Menge Techniken nutzen, um sich die Zeit zu vertreiben.

CR Lama erklärte oft: "*Der Buddhadharma hat einen Geschmack. In unserer Nyingma Linie gibt es neun verschiedene Fahrzeuge, aber sie stehen nicht im Widerspruch zueinander; sie führen alle in dieselbe Richtung. Sobald wir die Fünf Skandhas verstehen, ist es einfacher, Leerheit zu verstehen. Wenn wir Leerheit verstehen, ist es leichter, tantrische*

Transformation zu verstehen. Wenn wir tantrische Transformation verstehen, ist es leichter, ursprüngliche Reinheit zu verstehen." Das liegt daran, dass sie alle auf dieselbe Sache verweisen: dass der Geist der Chef ist. Der Geist erschafft Samsara und der Geist erschafft Nirvana, doch der Geist wurde nie erschaffen.

CR Lama erklärte mir die Zeilen von Patrul Rinpoche am Ende eines Dzogchen Textes: "*Es wäre jedoch eine Verschwendung, diese Anweisungen nicht jenen zu zeigen, die sie behüten wie ihr Leben und, indem sie die wesentliche Bedeutung praktizieren, Buddhaschaft in einem Leben erlangen werden.*" Er hielt diese Zeilen für sehr politisch. In Tibet gab es die feste Tradition, Dzogchen Belehrungen nicht öffentlich zugänglich zu machen. Es gab viele kleine familiäre Linien der Dzogchen Praxis. Dzogchen Anweisungen wurden innerhalb der Familie weitergegeben. In großen Klöstern waren die Anweisungen jedoch häufig nicht für die gewöhnlichen Mönche, geschweige denn die Laien, verfügbar. Patrul Rinpoche wollte die Lehren aber für alle zugänglich machen. Diese Zeilen besagen, dass es eine Verschwendung des Dharma ist, lernwilligen Menschen nicht zu helfen. Viele Lehren gelten als sehr geheim und sind durch schützende Symbole versiegelt. Aber gegen wen werden sie gesichert? Reine und unreine Beweggründe können nicht so leicht unterschieden werden. Wir treffen uns hier und lernen und praktizieren zusammen, aber unsere Fehler und Begrenzungen sind ebenfalls hier. Wir müssen uns also alle bemühen, um zu denen zu werden, die die Lehren wie ihr eigenes Leben behüten. Das ist die Grundlage für die Übertragung des Dharma.

Als Kind habe ich mich immer mit meinem Bruder gestritten. Zwei Brüder, zwei Kinder von derselben Mutter. Meine Mutter schaute uns beim Streiten zu und sagte: "*Ich verstehe nicht, warum ihr immer streitet!*" Die Große Mutter, Prajnaparamita, die Leerheit selbst, die Mutter aller Buddhas, lässt viele Kinder entstehen, aber diese Kinder mögen einander auch nicht immer. Wenn du in der Meditation sitzt und Gedanken wie *"Ich mag dies; ich mag das nicht"* entstehen, ist dies das Streitspiel der Kinder des Geistes. Es ist die Energie des Gewahrseins, die sich in Form von Konkurrenz, Rivalität, Neid etc. zeigt. Warum ist das so? Wenn ich meinem Lehrer CR Lama solche Fragen stellte, sagte er immer: *"Nun, wenn du nach Zangdopalri kommst und Padmasambhava triffst, dann kann das deine erste Frage sein."* Was soviel hieß wie: *"Halt die Klappe, schau deinen eigenen Geist an und geh mir nicht mit deinem konzeptuellen Blödsinn auf die Nerven."*

Einer meiner Lehrer, Chatral Sangye Dorje Rinpoche, erklärte die Aufgabe des Lehrers auf folgende Weise: Es sind zwei Brüder, von denen einer im Bett schläft und einen Albtraum hat, während der andere wach neben ihm liegt. Der Schlafende glaubt, dass alle möglichen schlimmen Dinge vor sich gehen, doch der andere Bruder erkennt, dass dieser eigentlich schläft und im eigenen Bett sicher ist. Unser Lehrer, unser glücklicherweise wacher Bruder, sieht, wie wir in unseren Träumen und Albträumen verloren sind und unterstützt uns dabei, aufzuwachen. Wir hängen aber an unserer Verlorenheit, sogar an unserer Sucht nach Albträumen, die zwar schrecklich, aber auf perverse Art beruhigend sind. Wenn wir aufwachen, wachen wir auf, wo wir sind, sicher im Bett. Wir erkennen, dass wir nirgendwo anders gewesen sind, außer in unserer Wahnvorstellung. Gleichermaßen wurde das Gewahrsein selbst nie durch die Ereignisse unseres Lebens verunreinigt, mit ihnen vermischt oder mit ihnen verwechselt. Alle bisherigen Ereignisse in unserem Leben sind entstanden und vergangen. Wenn wir uns an sie erinnern, scheinen sie zurückzukommen und wir können Geschichten über sie erzählen, aber wir können nicht in die Vergangenheit zurückkehren. Alles, was war, verschwindet, also sei wach für alles, was erscheint, dann wird es keine Albträume mehr geben.

Als ich meinem Lehrer CR Lama begegnete, sagte er mir als erstes: "*Der Buddha ist kein netter Mann.*" Das ist sehr hilfreich. Der Buddha ist kein netter Mann. Der Buddha ist der ungeborene Dharmakaya. Der Buddha ist nicht getrennt vom offenen Raum des Dharmadhatu. Der Buddha ist keine Person oder ein Ding. Buddha bedeutet weder nett noch nicht-nett. Buddha ist nichts Bekanntes. Buddha ist Leerheit, die Ausstrahlung der Leerheit, die Untrennbarkeit von Sonne und blauem Himmel. Der klare blaue Himmel symbolisiert die offene, strahlende Weite, die das Gewahrsein enthüllt, innerhalb derer jegliche Manifestationen erscheinen. Der Buddha ist alles, dennoch verlassen wir uns weiterhin auf unsere Voreingenommenheiten und Beurteilungen. "*Aber ich will diese ängstlichen Gedanken nicht in meinem Geist haben!*" Wer sagt das? Eine Gedankenfolge. Ein Gedanke erzeugt oder bewirkt einen anderen Gedanken. Jeder dieser Gedanken löst einen weiteren und einen weiteren und einen weiteren aus, woraus wir die Wahrnehmung von uns selbst und der Welt formen. Unser Ego-Selbst ist im Grunde nur diese Verkettung, diese verbundene Folge von Mustern. Unser Leben entsteht als sich verändernde Muster ohne Eigensubstanz, da unser Leben die strahlende Darstellung des Geistes ist. Derjenige, der das erkennt, ist Buddha - weitaus mehr als nur ein netter Mann. Tempel sind voller schöner, glänzender Statuen, was uns den Eindruck vermitteln kann, dass unsere Buddha-Essenz ebenso hell und strahlend ist. Ja, die wahre Gegenwärtigkeit unseres Geistes ist strahlend - aber diese Strahlung ist nicht ausschließlich warm, hell, aus Grundfarben bestehend. Alle Farben strahlen von ihr aus, also auch grau, braun und schwarz. Unsere guten Gedanken und Stimmungen und unsere schlechten Gedanken und Stimmungen sind gleichermaßen der strahlende Ausdruck des ungeborenen Geistes.

In Tso Pema habe ich in einem Retreat viele Praktiken gemacht, auch Niederwerfungen. Nach dem Retreat erzählte ich meinem Lehrer, dass ich alles erledigt hätte. Bezüglich der Niederwerfungen fragte er mich: "*Wozu hast du sie gemacht?*" Ich sagte: "*Ich dachte, ich sollte sie machen.*" Und er meinte: "*Genau, du dachtest, du müsstest sie machen.*" Ich ant-wortete: "*Naja, in den Schriften heißt es, dass man die Niederwerfungen machen muss.*" Da sagte mein Lehrer: "*Hast du dich denn selbst gefragt, ob es dir gut tut? Warum soll ich dich Dzogchen lehren, wenn du dumm sein willst?*" Letztendlich entscheiden wir also selbst. Alle Methoden sind gut, aber nur wir selbst leben in unserer Haut.

Eine Schlüsselanweisung, die ich von meinem Lehrer erhielt, lautet: "*Wenn du ein Problem in der Meditation hast, wende kein Gegenmittel an. Bleibe genau da, wo das Problem ist.*" Wir wollen immer etwas tun. Warum? Einfach, weil wir immer etwas tun wollen. Kontrolliere deine Atmung. Mache Kumbhaka. Mache Pranayama. "*Okay, jetzt fühle ich mich besser.*" Natürlich fühlst du dich besser, weil du von etwas Schlechtem zu etwas Gutem gewechselt bist. "*Oh! 'Schlecht' ist nicht dasselbe wie 'gut'? Hm...*" Das nennt man 'Dualität'. Hm… Du bist von einem Scheißhaufen in einen anderen Scheißhaufen getreten, nur dass dieser nach Schokolade schmeckt. Das ist der einzige Unterschied. Das ist sehr wichtig, da uns der Traum von Entscheidung und Kontrolle zum Umherirren in Samsara verdammt. Das Ego definiert sich selbst durch die Entscheidungen, die es trifft, aber ungeborenes Gewahrsein trifft keine Entscheidung. Es enthüllt einfach die Darstellung seiner eigenen Energie - eine davon ist das Ego, das ständig damit beschäftigt ist, Entscheidungen zu treffen.

Rinpoche verwendete häufig das Bild eines Ringes und eines Haken, um die Natur der Schüler-Lehrer-Beziehung zu verdeutlichen. Er sagte immer wieder, dass es wichtig wäre, einen starken Ring des Ver-trauens zu entwickeln, so dass der Haken des Segens und Mitgefühls des Guru an diesem Ring festhalten kann. Damit die unerlässliche Lebendigkeit der Linie weiter besteht, muss die Übertragung durch die Begegnung von Liebe und Hingabe entstehen.

Die ersten Belehrungen meines Lehrers lauteten, dass ich regelmäßig essen und schlafen sollte. Diese geregelten Abläufe unterstützen unser Körpersystem dabei, zur Ruhe zu kommen und auf Umstände zu reagieren. Er erklärte, dass es vier Tätigkeiten für einen Yogi gibt: gehen, sitzen, essen und schlafen. Schlafe, wenn du müde bist, iss, wenn du hungrig bist. Es ist nicht allzu kompliziert.

Mein Lehrer riet mir wiederholt, das Leben so schlicht wie möglich zu halten und Dinge schnell zu erledigen. Das ist sehr nützlich. Das Leben muss nicht schwer sein. Wir betrachten Arbeit als wirklich mühsam, dennoch gewöhnen wir uns daran. Wir lernen, mit der Arbeit zu beginnen und einfach immer weiter zu machen. Wir haben das Gefühl von Schufterei. Aber eigentlich ist Arbeit einfach der Fluss von Energie. Energie fließt ständig, und da wir uns immer in diesem Fluss als Teil davon befinden, werden wir, sobald wir die Ley-Linie der Arbeit gefunden haben, sobald wir in den Rhythmus gelangen, durch diesen Fluss der Energie der Welt getragen. Arbeit ist nur dann schwierig, wenn wir den Rhythmus nicht finden. Das Ziel aller Weisheitslehren im Buddhismus, der Lehren über die Leerheit, ist das Lösen der Schwere, der verfestigenden Tätigkeit unseres Geistes, so dass wir leicht und sensibel werden und die Möglichkeiten für Bewegung spüren. Dann strömt Mitgefühl, wenn es benötigt wird, denn Mitgefühl ist die Fähigkeit, mit anderen zusammen zu sein, sie zu erreichen und entsprechend der Situation in vielerlei Hinsicht eine Verbindung zu ihnen herzustellen.

Mahamudra wird manchmal als 'großes Siegel' übersetzt. Hier ist eine Erklärung, die ich von CR Lama dazu erhielt. Wenn der König in Tibet einen offiziellen Brief verfasste, wurde ein amtliches Siegel angebracht. Im mittelalterlichen Europa war das ebenfalls üblich, indem ein Siegel auf heißes Wachs gedrückt wurde und sein Abdruck auf dem Wachs zu sehen war. Wenn das Schriftstück auf diese Weise versiegelt wird, soll es von niemandem verändert werden, niemand soll darauf einwirken. Wenn unser Geist in Nicht-Dualität versiegelt ist, gibt es nichts hin-zuzufügen und nichts wegzunehmen - es ist einfach, wie es ist. Das ist mit dem '*großen Siegel*' gemeint.

CR Lama erklärte, dass man, um einen zu Baum beseitigen, damit beginnen kann, alle Blätter abzupflücken. Es dauert sehr lange, die einzelnen Blätter abzureißen, und wenn man auf der einen Seite fertig ist, wachsen sie auf der anderen schon wieder nach. Es ist also deutlich besser, die Wurzel zu durchschneiden. Wenn man die Wurzel durchtrennt, stirbt der Baum. Das Ego und sämtliche seiner Handlungen wurzeln in Konzepten. Das Ego und die Konzepte oder Annahmen verstärken einander. Wir können den Fluss der Konzepte nicht anhalten, - und tatsächlich sind sie Teil der Handlung des Mitgefühls - aber wir können die Wurzel des Ego-Baumes durchtrennen. Das scharfe Messer der Leerheit zerteilt Verdinglichung und das täuschende Empfinden individueller Essenz. Der Baum löst sich auf und setzt die Lebensenergie frei, die es ermöglicht, für das Wohl der Allgemeinheit da zu sein.

Meiner selbst müde und dich ersehnend

Wie ein Fisch im Netz
von einem Gedanken gefangen
bin ich geboren, ein Seil
um den Hals gehangen.

Zuvor in der Stille,
offen und weit,
entspannt an ihrem Ort
ist Gegenwärtigkeit.

Ihr Ort ist in allem,
ohne sich zu bewegen;
lebendig und erfrischend
sie muss nichts belegen.

Ich verliere meinen Grund
möchte mich an Gedanken binden
durch mein Greifen nach mehr
kann ich nur Täuschung finden.

Ich glaube zu existieren
habe das Gefühl, wirklich zu sein
doch nichts ist beständig,
da die Wahrheit verborgen bleibt.

Ich bin ein Subjekt, ich bin ein Objekt
doch keines von beiden wird bleiben.
Es ermüdet mich, diese Quellen
des Leidens zu erzeugen.

Oh, Netz der Illusion
lass mich allein –
doch indem ich dich wichtig nehme
mach ich dich zu meinem Heim.

Ich kann nicht finden,
wie sehr ich auch suche,
Den Geschmack, der mir fehlt -
meine Geistesruhe.

Ich schreie mich selbst an:
Verschone mich!
Doch wer greift nach Gedanken?
Das bin ich.

Reihenweise
endlose Irrung;
die Bestandteile des Selbst
bringen nur Verwirrung.

Das Netz wird gewoben
durch mein Ringen nach mehr,
doch die Quelle des Balsams
wird niemals leer.

Nicht selbst, nicht ein anderer
doch dazwischen der Raum -
diese Lücke ist unendlich,
Quelle für jeden Traum.

Den Weg nach Hause
zur Quelle kenne ich
viele Lehrer zeigten ihn
doch ich gehe ihn nicht.

Gelangweilt und einsam
spiele ich mit meinen Sachen
fühle mich von anderen betrogen
um sie dann schlecht zu machen.

Subjekt und Objekt
lassen ihren Zauber entstehen
Schluss jetzt! Es reicht!
Ich werde in die Hölle gehen.

In Traurigkeit versinkend
erinnere ich mich an dein Gesicht
mein Herz füllt sich mit Tränen
deine Güte empfing ich nicht.

Ich kenne alle Worte
doch mein Herz ist wie Stein;
bin mit guten Taten beschäftigt,
um nicht allein zu sein.

Immer beschäftigt und
in Dinge verrannt
ist es bloß der Hauch des Ego,
wenngleich 'Dharma' genannt.

Durch deine Güte
kenne ich die Tür
zur offenen Weite
gezeigt von dir.

Ich bin meiner selbst müde
also wird es Zeit
mich zu entspannen, alles zuzulassen,
Ich werde offen und weit.

Wir sind niemals getrennt
doch meide ich dich
du bist in meinem Herzen
doch was du sagst, ignoriere ich.

Du verzeihst mir immer wieder:
'Es ist nur Bewegung im Spiel'
doch ich bin fehlbar und schwerfällig
- mir gelingt nicht viel.

Durch die Praxis dir nah sein -
du machst mir's nicht schwer;
und doch schiebe ich das Praktizieren
stets vor mir her.

Ich sitze für einen Augenblick still
in diesem Raum und bewege mich nicht
und sehe mich selbst gespiegelt
in deinem lächelnden Gesicht.

Ich suche nach Blei
obwohl ich Gold von dir bekam;
es fühlt sich wie ein Problem
im Kopf festgeklemmt an.

Doch das Problem ist nicht echt
ich kann es nicht lösen
die Schlange, die mich biss
ist bloß ein Seil gewesen.

Ich bin verloren und verwirrt
und fühle mich allein
dabei bin ich zuhause
in deinem Mandala-Heim.

So voll von mir selbst
bleibt kein Platz, um zu empfangen;
eine Krankheit ist das endlose
Erzeugen von Gedanken.

Ich rufe nach dir
als nach einem getrennten Objekt oder Bild
es ist mein eigener Dualismus
der mich in Dunkelheit hüllt.

Du bist hier und lächelst
ich bin jetzt am selben Ort
ins Ausatmen entlassen,
sind die Gedanken plötzlich fort.

Nichts zwischen uns beiden,
wie der Himmel sind wir zwei
nichts kann uns berühren
Erscheinungen ziehen vorbei.

Angefüllt mit Nichts
offener Raum bin ich nur
weder Mangel noch Überfluss
hinterlässt eine Spur.

Oh, welch ein Kampf -
und nicht erforderlich!
Du warst bereit, hast gewartet,
wer nicht kam, war ich.

Für immer vollständig
und immer allein
werde ich in Frieden zufrieden
zu deinen Lotusfüßen sein.

ANGST

Samsara ist ein Zustand der Angst. In Samsara sind Subjekt und Objekt getrennt und wir identifizieren uns sehr stark mit dem Subjekt. Das Subjekt benötigt etwas vom Objekt und hat dennoch Angst vor ihm. Verlangen und Ablehnung, Liebe und Hass sind wie einander folgende Zwillinge. Der Buddha sagte: Freunde werden Feinde und Feinde werden Freunde. Subjekt und Objekt, Selbst und andere entstehen gleichzeitig und beeinflussen sich gegenseitig. Keines ist ein selbst-existierendes Gebilde. Sie entstehen als Muster im Fluss. Die Instabilität und Unzuverlässigkeit von Subjekt und Objekt führt zu Angst, und diese wird dadurch verstärkt, dass wir wollen, dass sie eben nicht instabil und unzuverlässig sind. Wenn wir ihre dynamische Entfaltung akzeptieren, erkennen wir, dass sie in Wirklichkeit die Energie des offenen Daseinsgrundes sind.

Im Laufe unseres Lebens haben sich für uns viele Türen mit neuen Chancen und Möglichkeiten geboten. Aufgrund von Zweifeln, Verwirrung und Ängsten sind wir jedoch nicht durch diese Türen hindurch gegangen. Es ist hilfreich, darüber nachzudenken und zu erkennen, wie die Kraft unserer Identifizierung mit begrenzenden Gedanken die Strukturierung unserer Identität bestimmt. Ein vergänglicher Gedanke behauptet, eine Situation sei begrenzt und beständig, und verdunkelt dadurch die einzig beständige Situation: die unveränderliche Offenheit unseres Gewahrseins.

KONTROLLE

In der Sicht des Dzogchen sind Zusammenarbeit und Beteiligung viel wichtiger als Überlegenheit und Kontrolle. Das heißt, wir entspannen und bewegen uns innerhalb des Feldes unserer Teilnahme. Die Welt enthüllt sich, während wir uns enthüllen - nichts ist fest und alles bewegt sich zusammen. Das Erfahrungsfeld ist reagierend, dennoch entzieht es sich immer unserem Versuch, es völlig kontrollieren zu wollen. Derjenige, der Kontrolle möchte, befindet sich bereits in Dualität.

Das Ego möchte Herrschaft erlangen, deshalb behauptet es, vom Erfahrungsfeld getrennt zu sein und beschäftigt sich damit, zu entscheiden, ob es sich auf etwas einlässt oder nicht - so oder so nimmt es aber bereits teil.

Um zum eigenen offenen Urgrund zu erwachen und in ihm und als er zu verweilen, ist es erforderlich, die Matrix der Kontrolle zu verlassen und als entspanntes Gewahrsein zu erwachen. Der weiträumige Geist ist nichts anderes als das, was erscheint. Wenn es dann nichts mehr zu schützen gibt, gibt es keine Grundlage mehr für Hoffnungen und Ängste. Diese Gelassenheit führt zu tiefgehender Toleranz. Die Tatsache, dass einige Menschen uns mögen und andere nicht, ist einfach so - also können wir entspannen und mit den Umständen arbeiten, mit den vorübergehenden Ereignissen, die unsere Erfahrung darstellen.

Das Problem liegt nie beim Objekt. Die Antwort liegt nie beim Objekt. Das Problem und die Antwort liegen immer beim Geist. Das Problem ist, dass der Geist kontrollieren und eingreifen möchte und die 'Dinge' so verändern möchte, wie wir sie gerne hätten. Die Antwort ist der Geist, der entspannt und der Leerheit des Flusses selbst-befreiender Erfahrung vertraut.

Es ist sehr wichtig, nicht zu glauben, man trage für alles die Verantwortung. Die schlimmste Strafe, die man im Leben bekommen kann, ist das Gefühl 'es liegt alles an mir'. Das ist ein sehr trauriger und einsamer Ort. Friedhöfe sind voller sogenannter 'unentbehrlicher Leute'.

DIE ENTFALTUNG

Nimm als Gewahrsein an der Entfaltung des
Lebens teil, diesem wunderbaren, sich nie wiederholenden Moment.
In deinem unveränderlichen Sein ruhend,
Lass die Gesten deiner Energie andere befreien
Ohne verfestigende Brücken aus Konzepten zu errichten.
Lass den Irrglauben an beständige Wesenheiten los und
Sieh, wie jeder Moment frisch aus dem Nichts entsteht.
Strahlendes Geschenk des Glanzes, Schimmer der offenen Quelle.

HINGABE

Wenn wir Hingabe entwickeln, sind wir groß und klein. Wir sind klein, weil wir uns voller Respekt und Vertrauen fühlen und kindlich werden können, wehrlos und offen; und wir sind groß, weil wir uns sicher fühlen und darauf vertrauen können, dass unser Leben in die richtige Richtung verläuft. Unsere Energie kann sich entspannen und öffnen, um alles anzunehmen, was erscheint.

Wenn du Hingabe für den Dharma hast, öffnet sich das Herz. Dann siehst du mit dem Auge des Herzens, und das Auge des Herzens schaut in einer Weise, wie es das Ich-Bewusstsein nicht kann. Aus diesem Grund ist Hingabe sehr wichtig. Hingabe ist keine äußere Praxis für jene ohne Verständnis. Es ist die höchste Praxis der Yogis.

Es ist nicht so, dass man entweder Vertrauen hat oder nicht. Stattdessen entsteht Vertrauen durch Ursachen, und wenn wir erkennen, dass die Flamme des Vertrauens kleiner wird, können wir uns den Ursachen zuwenden und unser Vertrauen nähren. Wir können unsere eigene Inspiration steuern. Wir sind keine Marionetten, die von fernen Kräften abhängig sind. Die Gottheiten werden immer antworten, daran besteht kein Zweifel. Die Frage ist, ob wir uns die Mühe machen, sie anzurufen.

Hingabe löst Verdinglichung und die Verfestigung, die durch den Glauben an Entitäten entsteht. Der Glaube an Entitäten wird durch das Vertrauen in die Leerheit aufgelöst. Der Glaube an Leerheit wird das Vertrauen in Substanz lösen. Die Leerheit des Geistes und die Leerheit der Erscheinungen entstehen gemeinsam wie zwei Himmel. Regenbögen versperren den Himmel nicht, sie zeigen oder drücken seine Kreativität aus. Wenn wir erkennen, dass wir selbst und alles, was uns begegnet, ohne Eigen-Substanz ist, löst sich unsere Abgrenzung und wir werden als sich entfaltende, strahlende Darstellung offenbar.

LEERHEIT

ENTSPANNE DICH UND LASS LOS

Ob der Geist geschäftig ist
Oder ruhig,
Lass die Fixierung auf das, was erscheint, los.
Sei gewahr, wie dein eigenes Dasein sich entfaltet und verschwindet.
Wer macht diese Erfahrung?

Unser Geist,
Die Grundlage unseres Daseins,
Ist kein Ding, das wir ergreifen können.
Wie seltsam, wie ungeahnt.
In unserem Gewahrsein
Zeigen sich alle Dinge:
Die Sonne und der Mond erscheinen,
Unsere Körper erscheinen,
Unsere Gedanken und Gefühle erscheinen.
Denken wir an etwas, das sich
Nicht in unserem Gewahrsein befindet -
Nun, jetzt ist es darin!

Wenn alle Dinge aus dem Geist selbst entstehen,
Und dieser kein Ding ist,
Wie sollte ein Nicht-Ding ein Ding hervorrufen?
Es gibt keine Dinge.

Entspanne und öffne dich
Entdecke alles, was du vor dir selbst versteckt hast.

Leerheit ist überall gegenwärtig. Alles ist unter allen Umständen nicht getrennt von Leerheit. Diese Aussagen sind wahr, und doch ist Leerheit nicht greifbar und Worte können sie nicht erfassen, da sie sich an der Grenze von Sprache befindet. Wenn wir sprechen, erzeugen wir Teilwahrheiten, kleine Gesten oder Hinweise; sie signalisieren, dass das Gesagte der Blick von 'hier' ist, der sich ständig verändernde Ort unseres sich entfaltenden Lebens. Wir tun alle so, als könnten unsere Worte die ganze Geschichte darstellen; als könnte das Leben zusammengefasst werden. Dadurch befinden wir uns in einer Art Theater, dem Theater des 'als ob', dem Theater der Vorgaukelung. Theater beginnt mit der Aufhebung aller Zweifel. Wenn wir ein Theater besuchen, wissen wir eigentlich, dass die Leute auf der Bühne Schauspieler sind und Geld dafür bekommen, dass sie vorgeben, jemand anderes zu sein. Wenn sie dann aber auf die Bühne kommen, erfreuen wir uns daran, zu glauben, dass sie wirklich die Charaktere sind, die sie darstellen. Wir wollen hereingelegt werden. Wir wollen uns in der Phantasiewelt verlieren. Das ist sehr tiefgründig. Es zeigt das Verlangen des Ego, mit dem Objekt zu verschmelzen, die Last seiner einsamen Abkapselung loszuwerden. Die Erleichterung, die durch diese Erkenntnis entsteht, ist jedoch nur von kurzer Dauer. Eine weltliche Person zu sein und eine spirituelle Person zu sein sind gleichermaßen Verblendungen, wenn wir nicht für den Daseinsgrund und als Daseinsgrund gegenwärtig sind. Lediglich die Form und Farbe unserer Trugbilder zu verändern, wird nicht zum Erwachen führen. Die Trugbilder als Täuschung zu erkennen, enthüllt jedoch die Nicht-Dualität von Form und Leerheit.

Alle buddhistischen Kulturen scheinen ein tiefes ästhetisches Feingefühl entwickelt zu haben. Wenn das Vertrauen auf Konzeptualisierung nachlässt, wird Schönheit sehr wichtig. Wenn man beispielsweise durch die Täler im Himalaya wandert, sieht man viele dieser kleinen Stupas, die an den erlesensten Orten aufgestellt wurden. Man kann sich vorstellen, dass Cézanne dort spazieren war, um Komposition zu studieren, denn die Stupas sind so perfekt platziert. Indem wir uns für Leerheit öffnen, löst sich unsere Künstlichkeit auf und intuitive Spontaneität kann unsere Handlungen formen.

Zu Beginn erfordert unsere Praxis bewusste Motivation und beabsichtigte Anstrengung. Wenn wir mit der Praxis vertrauter werden und sie als wichtigen Bestandteil unseres Lebens betrachten, sind wir mehr in unsere Welt eingebunden. Wir stellen fest, dass wir in einer Weise reden oder handeln, die zur Situation ‘*passt*’. Leerheit sickert durch alle Aspekte unseres Lebens und löst die scheinbare Festigkeit der Konzepte auf. Müheloses gleichzeitiges Entstehen, das Spiel der Leerheit, wird zu dem, wie wir sind. Leerheit zeigt das Leben einfach und genau. Wenn wir uns für diese intuitive Spontaneität öffnen, haben die Bemühungen ein Ende.

Samsara ist ein Netzwerk von Konzepten und Vorstellungen, die uns alle unendlich verlockend erscheinen. Einige dieser Gedanken scheinen sehr wichtig zu sein. Ob wichtig oder nicht, Gedanken sind immer leer. Als wir in Indien Texte übersetzten, beendete CR Lama sein Vorwort stets mit "*Sollte dieses Buch irgendwelches Verdienst erbringen, dann widmen wir es allen fühlenden Wesen. Wenn es kein Verdienst erbringt, dann geben wir es zurück in die Leerheit.*" So oder so macht es keinen Unterschied. Wir tun einfach, was wir tun, und wenn wir es getan haben, wird etwas anderes passieren. Der Kernpunkt ist es, ohne Einsatz zu handeln, ohne auf einen Ertrag zu hoffen. Wir geben jedem Moment genau das, was für diesen Moment erforderlich ist. Wir versuchen nicht, einen Gewinn zu erzielen. Wir versuchen nicht, eine Provianttasche zu packen, die wir mit in den nächsten Moment nehmen. Nur dies, dann das, dann das… Jeder Moment ist in sich selbst genug.

Wir sind hier in diesem Fluss der Erfahrung, was aber ist die Quelle des Flusses? Es ist die Quelle des Dharmadhatu, die Leerheit selbst. Leerheit fließt aus Leerheit, durch Leerheit, in Leerheit.

BESONDERS

STRENGE DICH NICHT ZU SEHR AN

Sei mit unbeirrbarer Aufmerksamkeit bei dir selbst.

Was 'du selbst' genannt wird, ist sowohl Erfahrung als auch Erfahrender.

Lass die Erfahrung dir zeigen, wer der Erfahrende ist.

Wenn du an diesem Punkt verweilst, öffnet sich die Tür.

Tritt durch deine flüchtige Erfahrung in das Gewahrsein selbst ein.

Mit wachen Augen und dennoch passiv-empfänglicher Präsenz

Bleibe exakt bei dem, was geschieht.

Gedanken, Gefühle und Empfindungen ziehen unsere Aufmerksam-
keit leicht

Hierhin und dorthin.

Entspanne dich und löse deine Verwicklung wieder und wieder.

Alles, was erscheint, befreit sich von selbst.

Wer bleibt zurück, wenn seine Kinder sterben?

Dein nacktes Selbst ist gut, wie es ist und benötigt keine Verkleidung.

Wenn du versuchst, es zu fangen, wird es immer verschwinden,

Denn du bist nicht der, der du zu sein glaubst.

Dein wahres Sein ist nicht wie alles andere.

Es passt in kein Konzept, in keine Kategorie.

Es ist dir nicht vertraut und ist dir dennoch näher als dein Atem.

Suche aktiv danach, und du wirst immer etwas anderes finden.

Bezüglich unserer Praxis hilft es natürlich, zu glauben, dass die Lehren, denen wir folgen, besonders und sehr wertvoll sind. Dadurch behandeln wir sie mit Respekt und bemühen uns, sie sinnvoll zu nutzen. Der Zweck der Belehrungen ist aber, uns darin zu unterstützen, zur ungeborenen, leeren Wirklichkeit zu erwachen, wie wir tatsächlich sind und wie Erscheinungen tatsächlich sind. Wenn wir zur Leerheit erwachen, erkennen wir alles, wie es ist, ohne Trennung zwischen Besonders und Gewöhnlich.

Die ganze Welt ist derselbe Fluss, und jeder von uns ist eine kleine Welle darin. Befinden wir uns aber in unserer Ich-Abgrenzung, in unserer eigenen Blase, dann schützen wir unser Anderssein vor anderen Menschen, da wir einzigartig und besonders sein wollen. Eigentlich sind wir aus demselben Material wie alle anderen gemacht. Das bedeutet nicht, dass wir genau wie andere Leute sind. Wir sind weder gleich noch verschieden; wir sind einzigartige Formen, untrennbar vom offenen, leeren Dharmadhatu.

Eine Quelle, eine Mutter

Nackte Tänzerin, unverhüllt bist du hier

Trenn ab meine Wurzel und befreie mich

Mutter Labdrön, tanz mit mir!

HÖR AUF MIT DEM UNSINN

DER SCHAUPLATZ

Der Weg ist verloren
Der Wald ist tief
War zu ängstlich, als dass ich mich
Bewegte oder schlief.

Wirbel der Leidenschaften
Verwirrt, erregt;
Geist und Welt
Das Kreischen der Todesfee.

Stürmisches Entsetzen
Eine angstvolle Nacht kreiert
Jedes unbekannte Geräusch
Als Furcht explodiert.

Ich bin gefangen, ich bin gefangen
Von räuberischen Gedanken
Sie zerreißen mich und
Verschlingen mein Herz
Ernähren sich von mir
Ernähren sich von mir.

Ich hasse sie
Dennoch rufe ich sie
Mein Empfinden von "*mir*" und "*mein*"
Lädt sie zum Speisen ein.

Je mehr sie sich holen
Desto mehr wollen sie
Je mehr sie nehmen
Desto mehr höhnen sie.

Sie mögen das Wirkliche, das Solide,
Nach fester Nahrung sehnen sie sich
Die Essenz, die sie so lieben,
Gemacht aus Anhaftung, erzeuge ich.

Ich muss sie nähren, ich kann nicht anders
Doch kann das ängstlich oder freudvoll geschehen
Solange ich von Täuschung durchdrungen bin
Werden sie mich als hilfloses Spielzeug ansehen.

Ich kann ihnen meinen geliebten Körper geben
In dem Wissen, eine Illusion zu sein
Täuschung ist alles, was ich sehe
Durch dieses Geschenk werde ich uns alle befreien.

Es zehren die Geier von den Toten
Auf diesem fröhlichen Gräberfeld
Sobald das Leben den Körper verlässt
Wird dieser verabscheut und entsorgt aus der Welt.

Der Körper als Ding hat keinen Wert
Durch meine Anhaftung nur kann er wertvoll sein
Baue nicht auf diese Art von Identität
Der Leichnam verwest zu Eiter und Schleim.

Nur wenn das Ego stirbt
Fliegt der Geist mit Leichtigkeit
Drum lass die Anhaftung ziehen
In den unbegrenzten Himmel so weit.

ABSICHT

Der Friedhof ist zu mir gekommen
Dämonen besuchen mich seit Tagen
Doch ich kümmere mich nicht darum, sie zu verjagen
Es ist nur das Spiel meines Geistes
Es ist nur das Spiel meines Geistes
Durchtrennt!

Zweifel und Ängste sind überall
Jedes Wesen, das ich treffe, ist sorgenvoll
Depressionen, Ängste, zum Ertragen zu viele -
Alle Hoffnung zieht's in die Dämonen-Höhle.
Durchtrennt!

Wie es scheint, so ist es nicht
Täuschung, Verwirrung, Luft zum Atmen kaum
Halte an, dreh dich um, schau ihnen ins Gesicht!
Ich leiste Widerstand im unendlichen Raum.
Durchtrennt!

GEWAHRSEIN VOM TRAUM DES EGOS BEFREIEN

Trenn' ab das Ego, vernichte sein Heim
Trenn' ab Unwissenheit und verweile im Geist allein
Trenn' ab Identifikation mit diesem Körper, du wirst nur kurz darin verweilen
Trenn' ab das leichenhafte Begrenzte, du musst den Kopf zerteilen

Schneide hinein bis zur Quelle, hacke das Gehirn ganz klein
Trenn' ab die Annahmen, totes Fleisch fühlt keine Pein
Lass ab vom Tun, es zermahlt Muskeln, Sehnen und Knochen
Trenn' ab Verdinglichung - durch sie werden Herz, Leber und
lebensnotwendige Bereiche zerbrochen
Trenn' ab Selbstbezogenheit, das Ego hat keine Substanz
Trenne, ohne zu schneiden, sei im Raum voll und ganz.

ZUFLUCHT

Verloren durch Zuflucht in meine Gedanken
Die falsche Zuflucht durchtrennt und jenseits aller Schranken -
Schon immer war ich in diesem Raum,
Erwache zu dem, was ist, wie aus einem Traum.

Ich vertraue dem Buddha, den Kampf stelle ich ein
Ich vertraue dem Dharma, dann wird alles gut sein
Ich vertraue der Sangha, dort bin ich daheim
Sind sie meine Zuflucht, bin ich stark, furchtlos, nie allein
Kann entspannt und gelassen den Fluss der Dinge sehen
Was kommt, das wird kommen und was geht, das wird gehen.

BODHICITTA

Ich mag mich selbst, ich mag mich sehr
Doch oft in Selbstzweifeln gefangen, kritisiere ich mich mehr
Doch was ist mit den anderen - sie sind mir ähnlich.
Wenn sie nicht frei sind, werde ich dann glücklich?

Jedes empfindende Wesen fühlt sich allein
Glaubt von anderen getrennt zu sein.
Um ihre engen Verwirrungen entwirren zu können

Werde ich die Wurzel von allem, wonach sie greifen, durchtrennen.
Nicht festzuhalten, an nichts zu hängen
Das süße Lied der Freiheit ist alles, was wir singen.

Schneid' ab den alten Kram, der du glaubst, zu sein.
Such' im Kern das Neue, das glaubhaft scheint.
Befreie dich in den einladenden Raum, zu tun gibt es nichts.
Lass den Unsinn sein, sei du selbst, dann strahlt der Glanz des Herz-Lichts.

Schneid' ab die Vergangenheit, sie ist verschwunden voll und ganz.
Trenne dich von der Zukunft, sie hält dich auf Distanz.
Befreie dich von der Gegenwart, du kannst nichts unter Kontrolle halten.
Schneide dich frei von diesem Moment und lass das Leben sich entfalten.

REINIGUNG

Liebes unschuldiges Kind, unveränderliches süßes Sein,
Du bleibst immer unberührt und rein.
Doch ich bin gefangen in Verwirrung, denk an traurige Zeiten,
Identifiziere mich mit Misserfolgen und Verwirrtheiten.

Bitte schicke mir deinen Segen.
Lass ihn strömen aus deinem Herzen.
Ich fülle mich damit auf
Wird alte Gewohnheiten ausmerzen.

Und jetzt bin ich rein,
Alle Täuschung ist dahin -
Mein Geist weiter Raum
Voll strahlendem Morgensonnenglüh'n.

GURU YOGA

Du lehrst mich, du erreichst mich,
Du hast mir einen Weg gezeigt,
Doch ihn täglich zu finden,
Dahin ist es noch weit.

Du bist alles, was ich brauche
Und du bist nah bei mir
Durch Verschmelzung im Spiel
Finde ich mich in dir.

SICHT

Armes kleines Selbst, du bist so einsam.
Kein Wunder, dass du so besorgt und traurig aussiehst.
Von Gedanken gefangen, die dich verrückt machen
Siehst du nicht, dass du in einer Blase gefangen bist?

Doch diese Gedanken sind eigentlich flüchtig.
Es ist keine wahre Substanz zu sehen.
Dein Gefängnis ist nur eine Täuschung
Was hält dich davon ab, durch Mauern zu gehen?

Das gefühlte Wissen, das beweist: du bist 'du'
Ist Täuschung, Einsamkeit und stimmt nicht.
Gewohnter Glaube führt zu mehr Wiederholung
Bestärkt jedes Konstrukt als dein wahres Gesicht.

Deine eigene Tätigkeit erhält die Täuschung
Du suchst Geborgenheit, doch nur Verwirrung begegnet dir
Deine Arbeit ist vergebens und bringt nur Schmerz
Denn Konstrukte sind zerbrechlich und bleiben nicht hier.

Deshalb - bemühe dich nicht und schau, was geschieht
Wenn du nichts tust, ganz ohne Streben.
Entspann dich, sei gelassen in reiner Präsenz
Wie Wasser fällt, so frei stürzt das Leben.

Wenn '*ich*', '*mich*', '*ich selbst*' ihre Kontrollmacht verlieren
Heilt der Raum, die süße Mutter, dich.
Offen und klar, keine Grundlage für Angst
Zeigt mühelose Strahlkraft ihr wahres Gesicht.

Wenn der Kokon wegfällt, wird die Anstrengung enden
Denn die Leichtigkeit, nach der du suchtest, wird sich zeigen.
Dann wirst du durch deine hellen, strahlenden Augen überrascht sehen,
Dass es die eigenen Gedanken sind, in denen wir verborgen bleiben.

GENIESSE DEN GESCHMACK

Jeder reichlich gewürzte Gedanke
Zieht Baumeister und Aasgeier an.
Und obwohl er 'Etwas' zu sein scheint,
Ist nichts an ihm dran.

Er ist schon auf dem Weg hinaus
Und wird nicht hier bleiben.
Er kann nicht gefangen werden und
Man muss ihn nicht vertreiben.

Doch weitere Gedanken
Bauen auf meine Form
Ihre Energie nährt den Mythos,
Sie sei geboren.

Dann kommen die Geier
Mit ihren kritischen Schnäbeln
Sie wissen, dass sie tot ist
Reißen Stücke aus dem Schädel.

Die Geschmäcker der Gedanken
Sind betörend, reich an Facetten
Die Aromen der Leerheit signalisieren Substanz,
Die wir gerne hätten.

Doch der Traum von der Essenz wird uns
Wieder und wieder blenden
Da Gedanken, reich und leer,
Weder beginnen noch enden.

Eher wie ein Parfum
Als ein dickes Stück Steak
Es über jedem leeren Teller
Die Luft durchweht.

DURCHTRENNEN

Schneid' ab das Gefühl, schneid' ab das Reden
Schneid' ab den Gedanken, durchschneide den Leib
Durchtrenne, schneide, schneid' ab alles, was bleibt.

Trenn' ab deine Familie, trenn' ab deinen Namen
Trenn' ab deine Geschichte, trenn' ab Ruhm und Ehre
Durchtrenne, schneide, schneid' ab die Angst, verrückt zu werden.

Trenn' ab die Zukunft, trenn' ab die Vergangenheit
Trenn' ab die Veränderungen, trenn' ab, was bleibt
Durchtrenne, schneide, schneid' ab und befreie den Geist, so weit.

Trenn' ab die Hoffnung, trenn' ab die Angst
Trenn' ab was fern, schneid' ab was nah
Durchtrenne, schneide, schneide im Raum so klar.

Durchtrenne das Selbst, durchtrenne andere
Durchtrenne Vater und Mutter auch
Durchtrenne, schneide, schneide alles, was du zum Verdecken brauchst.

Schneid' ab das Gras
Schneid' ab die Müh'
Trenn' ab deine Bedürfnisse
Sie enden nie.

Schneid' ab den Genuss
Und werde dünner
Schneid' ab deine Ruhe
Sei ein Gewinner.

Schneide kurz und
Schneide ab –
Nichts bleibt mehr übrig
Alles knapp.
Durchtrenne schneide schneide

Schneid' ab das Vergnügen
Durchtrenne Pein
Schneid' ab die Gefühle –
Was wird der Gewinn davon sein?

Wenn du schneidest
Um Kontrolle zu gewinnen
Musst du jede Facette
Des Lebens abtrennen.

Schneid' ab die Blätter
Durchtrenne den Zweig
Dein Schneiden bietet
Neuem Wachstum eine Gelegenheit.
Durchtrenne schneide schneide

Doch hör auf blind zu schneiden.
Das Leben fließt frei
Schneide nur die Wurzel
Des Samsara-Baums entzwei.

Lass Objekt und Subjekt los -
Beides verschwindet.
Schneid' ab das "*Mich*", trenn' das "*Du*"
Durchtrenne alles, was bindet.

Schneid' ab die Anhaftung
Und das Sorgen und Hoffen;
Schneide tief - bis zum Raum
Und alles ist offen.
Durchtrenne schneide schneide

Vereint mit dem Raum
Bin ich kein Ding
Keine feste Form
Keine Glocke, die klingt.

Offen und leer,
Doch stets genau hier.
Präsenz des Nichts
Und keine Angst mehr.

Geist ohne Grenzen
Nicht bedingt, unbestimmt
Dieser Grund der Erfahrung
Ist für Unterscheidung blind.
Durchtrenne schneide schneide

Unzerteilbares Feld
Ist der unendliche Raum
In dem wir uns bewegen
Und dem ich mich anvertrau'.

Ohne Vorhaben
Ist keine Basis für Angst mehr da.
Selbstzweifel und Sorge
Kommen uns nicht nah.

Die Ganzheit durchtrennt,
Von der Wurzel befreit,
Fehlt jeder Halt für
Die Haken der Ängstlichkeit.
Durchtrenne schneide schneide

Sorgen um Geld,
Alter und Sterben,
Angst, dass meine Wünsche
Nie in Erfüllung gehen werden.

Angst darüber, was
Es in Zukunft wird geben
Unruhe, Störung
Und der schmerzhafte Stachel des Lebens.

In meinem Kopf schwirren
Zweifel und Schmerz
Verzweiflung und Trostlosigkeit
Zu ihrem Bett wird mein Herz.
Durchtrenne schneide schneide

Entspann' dich und ruhe dich einfach aus
Diese Momente werden vergehen.
Indem ich hier bei ihnen bin
Sind sie bald nicht mehr zu sehen.

Blockiere nicht, was geschieht
Gib ab die Kontrolle.
Gehe vorzeitig in Pension
Von der Wachsamkeitspatrouille.

Ist das Herz offen und weit;
Spielt Trennung keine Rolle.
Im heilenden Ganzen
Verliert das Ego die Kontrolle.
Durchtrenne schneide schneide

Nichts zu fürchten und
Nichts zu verbergen
Zuhause in der Stadt
Auf dem Land und in den Bergen.

Wenn Bedrohung naht
Zeigt die Präsenz das sehr klar.
Anhaftung erzeugt Täuschung -
Fürchte dich vor ihr, sie ist die Gefahr.

Indem wir Anhaftung durchtrennen
Und Unwissenheit
Bleiben zwar Probleme
Doch ich werde nicht erreicht.

Der Raum ist weit offen und
Ich bin hell und klar
Teilnahme ist einfach
Keine Angst mehr da.
Durchtrenne schneide schneide

OPFERGABE

Von jeglicher Täuschung ist nicht einmal Staub geblieben
Diese leere Illusion opfern wir jenen, denen wir unser Vertrauen geben
Nehmt dies als Licht an, ihr Buddhas, Erwachte,
Und vertreibt durch euer Mitgefühl die dunkle Nacht.
Für alle, die zur Freude Objekte brauchen
Soll dieses Licht als Haus, Medizin, Essen und Spielzeug auftauchen
Und für alle, die schwach sind, traurig, allein
Soll dieses Licht Schutz und Sicherheit sein.

WIDMUNG

Schneide dich von allen Taten und Verdiensten frei.
Ob für mich oder dich ist einerlei.
Selbst und andere werden nie bestehen
Alle Wesen sind Strahlen, die von der Quelle ausgehen
Bloße Phantome, Täuschungen, lösen wie Nebel sich auf.
Also lassen wir Anstrengung sein und das Leben nimmt seinen Lauf.

GASTFREUNDLICHKEIT

Bei dem Begriff 'Dharmadhatu' aus dem Sanskrit bezieht sich *'Dharma'* auf Phänomene und *'dhatu'* bedeutet 'Raum', also beschreibt er den Raum, in dem alle Phänomene auftauchen. Seit kurzem übersetze ich ihn als 'grenzenlose Gastfreundlichkeit', denn der Raum des Geistes kann gegenüber allem gastfreundlich sein, ebenso wie der Spiegel gastfreundlich und offen gegenüber allen Bildern ist, die in ihm erscheinen.

Reines Gewahrsein ist unverwundbar, da es selbst keinen Inhalt hat, der es definiert. Auf der Ebene der Offenheit besteht keine Notwendigkeit, unsere Erfahrungen zu bearbeiten. In der Meditation entspannen wir in dieses offene Gewahrsein und lassen unsere Gewohnheit, alle Erscheinungen in gut und schlecht zu unterteilen, los. Nicht-duale Weisheit bietet allem Gastfreundlichkeit. Wir können eine Flut negativer Gedanken willkommen heißen. Es sind nur Gedanken. Sie werden unserem Geist nicht schaden, denn er ist offen und ohne Eigensubstanz. Sie sind vorüberziehende, trügerische Formen, die den Raum des Gewahrseins füllen und dann verschwinden. Wenn wir ihnen gestatten, zu kommen und zu gehen, wenn wir entspannt und offen bleiben, dann hinterlassen sie keine Spur, so wie Spiegelbilder keine Spur im Spiegel hinterlassen. Wählerisch und selbst-schützend ist nur unsere begrenzte und begrenzende Ego-Struktur. Wenn wir die gewohnheitsmäßigen Muster loslassen, die diese trügerischen Strukturen aufrechterhalten, dann bekommen wir ein feineres Gespür für alle Aspekte des entstehenden Feldes, wodurch unsere Reaktionen angemessener sind. Dies ist die Grundlage nicht-verdinglichenden Mitgefühls.

'Jetzt' ist immer, wenn 'jetzt' ist. 'Hier' ist immer, wo 'hier' ist. 'Ich' ist immer, wer hier und jetzt 'ich' ist. Der Spiegel zeigt, was immer er zeigt, aufgrund seiner Gastfreundlichkeit. Wir erscheinen als egoistisch, dumm und blind, wenn wir die Gastfreundlichkeit des Hier und Jetzt nicht erkennen und wertschätzen. Alles kann in die Praxis integriert werden. Versuche nicht, Erscheinungen abzublocken, verfalle nicht in Beurteilungen über sie. Sei einfach gastfreundlich. Die Natur des Geistes ist grenzenlose Gastfreundlichkeit. Sie ist immer offen, immer einladend.

Je mehr wir Entspannung der Erregung vorziehen, desto mehr wird das Empfinden von Offenheit zu unserem Ausgangspunkt. Je mehr wir unser eigenes Sein als leer erfahren, desto großzügiger und einladender werden wir gegenüber allen Erscheinungen. Das ist die Grundlage unbegrenzter Gastfreundlichkeit. Wir erkennen, dass es nichts im Objekt gibt, das uns verletzen kann und nichts im Subjekt, das beschädigt werden kann. Darüber hinaus erkennen wir, dass es im Objekt nichts gibt, das uns nützen kann und nichts in uns selbst, das davon profitiert. Die Wahrheit dessen wird enthüllt, wenn wir die Identifizierung mit der täuschenden Vorstellung des Ego als andauernde, erkennbare Entität aufgeben.

HERZLICHEN GLÜCKWUNSCH ZUM GEBURTSTAG

ERSTE GEBURT

Bei der Geburt willkommen geheißen
von meinem Karma
vergaß ich, wer ich war

Bei der Geburt willkommen geheißen
von Konzepten, vergaß ich nie
meine Konditionierung

Bei der Geburt willkommen geheißen
von meinen Eltern, vergaß ich nie
meine Entfremdung

ZWEITE GEBURT

Bei der Geburt willkommen geheißen
vom Buddha, vergaß ich nie
meine Zuflucht

Bei der Geburt willkommen geheißen
vom Dharma, vergaß ich nie
die Übertragung

Bei der Geburt willkommen geheißen
von der Sangha, vergaß ich nie
meinen Platz

DRITTE GEBURT

Bei der Geburt willkommen geheißen
von meinem Guru, vergaß ich nie
meine neue Familie

Bei der Geburt willkommen geheißen
von meinem Yidam, vergaß ich nie
mein Samaya

Bei der Geburt willkommen geheißen
von den Dakinis, vergaß ich nie
wie man tanzt

VIERTE GEBURT

Bei der Geburt willkommen geheißen
von meiner eigenen Quelle, vergaß ich nie
meine Vollkommenheit

VERGÄNGLICHKEIT

BLEIB ENTSPANNT

Alles ist vergänglich, vergeht von selbst.

Halte also nicht an Erscheinungen fest, als seien sie verlässlich.

Versuche nicht, zu bewahren, was du zu wissen und zu mögen glaubst.

Verdränge Ereignisse nicht, weil sie dir zu viel erscheinen,

denn diese Einmischung bedeutet, dass die geschäftige Arbeit des

Ego niemals aufhören wird.

Es wird immer etwas geben, das erledigt, verbessert oder vermieden

werden muss

Also bleibe einfach gegenwärtig mit demjenigen, der die Handlungen

ausführt.

Lass Identifikation sein und ruhe in deinem Geist wie er ist.

Wie der Spiegel, bleibe

entspannt, offen und gegenwärtig,

dann wirst du

deine eigene Geschäftigkeit erkennen,

die immer noch versucht zu verschleiern,

wonach du gesucht hast.

Die grundlegendste und wesentlichste aller Belehrungen des Buddha - die in allen buddhistischen Schulen zu finden ist - ist die Tatsache der Vergänglichkeit. Man könnte es auch so formulieren, dass jegliche Erfahrung dynamisch ist. Indem wir einfach offen und entspannt bleiben, beginnen wir, das mühelose Kommen und Gehen aller Phänomene direkt zu erleben. Alles was ich als 'ich, mich, selbst' bezeichne und alles, wozu ich Dinge wie 'Das ist eine andere Person', 'Dies ist ein Haus', 'Dies ist eine Stadt' sage, sind Aspekte von Veränderung. Es sind Beispiele dafür, wie Veränderung sich selbst gestaltet; sie zeigen die Autopoiesis der Veränderung. Diese Kennzeichnungen erscheinen nur deshalb als getrennte und beständige Wesenheiten, weil wir sie auf diese Art deuten. Sämtliche Erscheinungen, jegliche Erfahrung - ob sie als Subjekt oder Objekt erscheint - ist eigentlich die Tatsache der Veränderung. Die einzige Sache, die sich nicht verändert, erscheint nie als 'Etwas'. Es ist Gewahrsein, nicht getrennt vom Raum. Unsere ungreifbare Präsenz ist die eine wahre Zuflucht, eine Zuflucht, die wir niemals finden werden, die aber immer da sein wird.

Buddhas Belehrung über Vergänglichkeit verweist auf die Tatsache der Unfassbarkeit von Erfahrung. Dies anzunehmen, hilft uns zu entspannen und zu akzeptieren, dass alles ein Fließen ist. Wenn wir dem Fluss des Lebens vertrauen können, wenn wir selbst mit anderen im Fluss fließen können, dann werden wir feststellen, dass uns in jeder Situation das Erforderliche einfällt oder zur Verfügung steht.

Da alle Phänomene vergänglich sind, werden sie von selbst vergehen, also müssen wir nicht versuchen, sie loszuwerden. Da alle Phänomene vergänglich sind, werden sie von selbst vergehen, also gibt es keinen Grund, an ihnen festzuhalten. Das ist die Essenz der Praxis des Dzogchen.

Die Belehrungen des Buddha sind tiefgreifend, sie sind in der offenen Weiträumigkeit verwurzelt. Sie sind aufwühlend, stellen unsere Welt auf den Kopf und verändern unsere Vorstellung darüber, wer wir zu sein glauben. Alles, was wir wissen, alles, womit wir verbunden sind, erscheint weiterhin, aber wir sehen es mit anderen Augen. Wenn wir uns auf diesen Unterschied konzentrieren, wird uns das beunruhigen, und diese Beunruhigung öffnet einige Risse in unserer verschlossenen und begrenzten Sichtweise dessen, was vor sich geht. Durch diese Risse dringt warme, frische Luft ein, die den Eispalast unserer Verblendung nach und nach schmilzt und uns wieder in den Fluss freigibt. Über Vergänglichkeit zu reflektieren ist eine wichtige vorbereitende Praxis, denn je mehr wir erkennen, dass Vergänglichkeit der tatsächliche Zustand der Dinge ist, desto mehr verstehen wir, dass es nicht klug ist, sich auf Phänomene als wahre Zuflucht zu verlassen.

Kontemplation über Vergänglichkeit wirkt wie ein Schraubendreher, der nach und nach die Schrauben löst, die unsere Überzeugungen und Anschauungen fixieren. Eine gute Praxis ist wie ein guter Freund, der immer mehr Eigenschaften und immer mehr Vielfalt offenbart, je länger wir ihn kennen.

Vergänglichkeit

Sich an die Vergänglichkeit zu erinnern ist das einfache Herzstück der Praxis.
Vergänglichkeit zeigt uns Leerheit.
Vergänglichkeit zeigt uns die Quelle unseres Geistes.
Vergänglichkeit bietet uns den Mut, unser Leben in vollem Umfang zu leben
Mit all seiner Seltsamkeit und Enttäuschung.

Vergänglichkeit ist sehr süß und wertvoll.
Vergänglichkeit ebnet den Weg, um im Augenblick zu leben
Und zeigt uns, dass man nirgendwo sonst leben kann.
Die wunderbare Tatsache der Vergänglichkeit steht frei zur Verfügung.
Überall! Wunderbar!

Vergänglichkeit ist überall, immer,
In allem, was du tust:
Das Auto parken, zur Arbeit gehen,
Zur Toilette gehen, Geschirr waschen.
Alles, was entsteht, vergeht.
Du atmest aus
Und plötzlich atmest du ein.
Jede Erscheinung ist der Fluss der Veränderung.
Nichts ergreifen und dennoch
Alles in seinem vollkommenen Moment auskosten.

SPIEGEL

GRENZENLOSES HERZ

Die Unendlichkeit des Herzens
Ist friedvoll und unveränderlich,
Offen und leer wie ein Spiegel.

Ein Spiegel verändert sich nicht.
Wenn du in den Spiegel schaust, siehst du, wie sich die
Spiegelbilder bewegen.
Spiegelung, Potentialität, Kreativität verändern sich immer
Und zeigen unaufhörlich ihre leeren Selbst-Bildungen,
Das Geschenk unseres unveränderlichen Geistes.

Unsere Offenheit,
Unsere Leerheit,
Unsere Unfassbarkeit
Ist die leere Bühne, der Raum der Enthüllung.

Klare Reinheit

Seit Anbeginn war der Geist vollkommen rein.
Es gibt keinen Fehler, keinen Irrtum, keinen Makel.
Der Geist, der in dieser Weise beschrieben wird,
Ist unser eigener Geist,
Der Geist, der wir bereits sind.
Seit Anbeginn hat unsere grundlegende Präsenz
Uns in allem gestützt.

Jegliche Fehler,
Jegliche Mängel,
Jegliche Irrtümer sind kurzzeitige
Zufällige Bewegungen auf der Ebene der Spiegelungen.
Das Spiegelbild zerstört den Spiegel nicht.
Das Spiegelbild von etwas Hässlichem zerbricht den Spiegel nicht.
Das Spiegelbild von etwas Wunderschönem zaubert dem Spiegel kein
Lächeln ins Gesicht.
Der Spiegel ist immer offen, ohne Angst oder Vorliebe für die Erscheinungen.
Der Spiegel ist der beste Gastgeber:
Niemals urteilt er über seine Gäste
Sie haben die Freiheit, zu sein
Wie sie sind.

Jegliche Fehler,
Jegliches Versehen,
Jegliche Irrtümer, die dir passiert sind,
Haben dich nicht grundlegend verunreinigt.
Haben dich nicht entstellt.
Haben dich nicht eingesperrt.
Ereignisse und Muster kommen und gehen,
Offenbart durch unser reines Sein,
Die Quelle grenzenlosen Lichts.
Hallo, Buddha.

Im Buddhismus wird der Geist nicht als Behälter angesehen, der befüllt werden kann, sondern als Klarheit, die enthüllt. Das traditionelle Beispiel, das dies verdeutlichen soll, ist das des Spiegels und seiner Spiegelbilder. Je mehr wir sehen, wie alle Phänomene entstehen und vergehen, desto mehr erkennen wir, dass die Unmittelbarkeit der Erscheinung und die Unmittelbarkeit der Selbst-Befreiung gleichzeitig geschehen. Die offene Leerheit des Spiegels ist untrennbar von den üppigen Erscheinungen komplexer Spiegelbilder.

Wenn du zum Friseur gehst, hält der Friseur einen Spiegel hinter deinen Kopf. Wenn du in den Spiegel vor dir schaust, siehst du das Spiegelbild im hinteren Spiegel und kannst so sehen, wie dein Haar am Hinterkopf geschnitten wurde. Ohne den Spiegel könntest du das nicht sehen. Ein Spiegel hilft, Dinge zu sehen, die man ansonsten nicht sehen könnte. Die Lehre und der Lehrer im Zustand der Übertragung sind wie ein Spiegel, und wenn wir in diesem Moment hinschauen, sehen wir mehr von uns selbst. Es ist nicht so, dass der Lehrer dich etwas über dich selbst lehrt, vielmehr ermöglicht die Klarheit der Situation, dass du dich selbst so siehst, wie du wirklich bist und nicht so, wie du zu sein glaubst.

Wenn du einen Spiegel in deiner Hand hältst und ihn schwenkst, zeigt er viele verschiedene Bilder. Während du ihn drehst, wird er sich gegenüber allem öffnen, was vor ihm ist. Er sammelt keine Bilder; vielmehr enthüllt er sie und lässt sie dann gehen. Enthüllen und loslassen… Nur weil bereits etwas im Spiegel zu sehen war, heißt das nicht, dass etwas ähnliches nicht noch einmal gezeigt werden kann. Jedes Mal, wenn ein Spiegelbild gezeigt wird, ist das die Unmittelbarkeit seiner direkten Darstellung; es wird für uns gegenwärtig.

Auf einem Spiegel wird sich Staub ansammeln. Wenn wir davon sprechen, dass der Geist wie ein Spiegel ist, dann ist das lediglich ein Vergleich. Die raum-gleiche ungeborene Natur des Geistes bietet keine Grundlage oder Oberfläche, auf der sich Staub ansammeln könnte. Das wirft die Frage auf: Wenn wir in der Meditation sitzen und ein Gedanke an uns zu kleben scheint, woran klebt er dann fest? Wenn die unveränderliche Offenheit des Geistes verdunkelt ist, wodurch ist sie dann verdunkelt? Wie kann es sein, dass das Substanzlose uns fest erscheint? Diese Fragen werden uns tiefer in die Praxis führen, wenn wir bei der direkten Untersuchung bleiben, ohne gedankliche Ausgestaltung.

Wir sagen, dass der Geist wie ein Spiegel ist und dass die Leerheit ermöglicht, dass alles enthüllt werden kann. '*Ich, mich, selbst*' ist wie der Doppelgänger des Spiegels. Es ist wie die Pressestelle des Spiegels. Statt einfach entspannt und in jedem Moment vollständig präsent zu sein, hat sie das Bedürfnis, eine Pressemitteilung zu veröffentlichen: "*Ich gebe hiermit bekannt, dass ich glücklich bin!*" Den ganzen Tag über werden diese kleinen Erklärungen herausgegeben. Wer gibt sie heraus? Das ist die leere Natur des Geistes selbst. Das Ego ist der eilende Vermittler, der für sich selbst eine Rolle erschafft, indem er Aspekte miteinander verbindet, die nie voneinander getrennt waren.

Der Spiegel scheint mir mein Gesicht zu zeigen, aber natürlich zeigt er mir in Wirklichkeit ein Spiegelbild meines Gesichts. Mein Gesicht und sein Spiegelbild sind nicht dasselbe. Das gleiche gilt für die Meditation. Wir verfangen uns in einer Erfahrung, die auftaucht. Worin wir uns verfangen, ist eine Spiegelung, und derjenige, der sich verfängt, ist ebenfalls eine Spiegelung. Unser Geist selbst ist aber immer der Spiegel und niemals ein Spiegelbild.

GRENZENLOSER GEIST WIE EIN SPIEGEL

Dieser Geist, unser Geist, ist grenzenlos.

Ohne Substanz,

Frisches Gewahrsein,

Unverdeckt, nicht bedingt,

Wurde nie erschaffen und wird nie enden.

Völlig leer und dennoch immer voll,

Wie ein Spiegel, der Spiegelbilder zeigt,

Die fortwährend erscheinen, ohne wirklich zu sein.

Die Grundlage der Spiegelung

Ist die Leerheit des Spiegels.

Wäre der Spiegel nicht leer,

Gäbe es keine Spiegelungen.

Wäre der Geist nicht leer,

Erlebten wir nicht zahllose Erscheinungen.

Jeder Augenblick ewig.

Einladender Raum

Wenn wir uns in die Gegenwärtigkeit unseres Seins entspannen, gibt es ausreichend Raum für alles, so wie es ist. Unsere offene Weiträumigkeit ist unbegrenzt und weit davon entfernt, überwältigt werden zu können; deshalb brauchen wir nicht die Kontrolle übernehmen und ängstlich sortieren, was im Sinne von 'gut', 'schlecht', 'für mich', 'gegen mich' usw. erscheint. Alle Erscheinungen entstehen innerhalb des spiegelähnlichen, enthüllenden Raumes des Gewahrseins, und dieser Spiegel verändert sich nicht. Die Spiegelbilder im Spiegel verändern sich, aber der Spiegel selbst verändert sich nicht. Wenn wir das direkt erkennen, können wir entspannen und alle Erscheinungen einfach zulassen, ohne Hoffen auf Gewinn oder Angst vor Verlust. Kein Spiegelbild kann einen Spiegel zerstören, keine Erscheinung kann die Natur des Geistes zerstören oder beschädigen oder bestimmen. Etwas wirklich Furchtbares, wirklich Grausames, wird, wenn es vor einen Spiegel gestellt wird, diesen nicht zerbrechen. Der Geist selbst ist gleichermaßen stabil und unzerstörbar, *vajra*. Er ist offen und leer und unbegrenzt. Er ist ohne Substanz, hat keine Essenz und kann nie als existierende Entität gefunden werden. Dieses grenzenlose Gewahrsein ist untrennbar von allem, was erscheint. Es ist der Urgrund und die Grundlage dieser Erscheinungen, die selbst substanzlos sind. Unser unzerstörbares Gewahrsein bietet allen Erscheinungen grenzenlose Gastfreundschaft, ohne selbst Schaden zu nehmen. Dies ist die wahre Zuflucht, die zeigt, dass alles einfach das ist, was es ist, vollständig, und weder Ergänzung noch Wegnahme erfordert.

Gewahrsein kann alles integrieren, da alles untrennbar von ihm ist.

Es ist unser Ego-Aspekt, der ängstlich und nervös wird, da das Ego in seiner Begrenzung nicht mit allem zurechtkommt. Wir sind sowohl unsere begrenzte körperliche Existenz als auch unser unbegrenztes Gewahrsein. Es geht nicht darum, zwischen den beiden wählen zu müssen, sondern zur Integration der beiden Modi zu erwachen. Sind wir dazu erwacht, wird das Empfinden unseres körperlichen Daseins als Ausdruck unserer Individualität gelockert, und unsere Verkörperung wird das, was sie schon immer war: ein Aspekt des Energiespiels des nicht-dualen Feldes. Natürlich kannst du immer noch von einem Auto erfasst werden und sterben, wenn du dich für dein Gewahrsein öffnest.

Wenn du denkst *"Ich bin nur diese physische Form und wenn ich sterbe, dann war's das, also muss ich das Beste aus dem Leben herausholen. Ich muss das bestmögliche Leben für mich gestalten"*, dann mühst du dich ab, um das Begrenzte zu optimieren. Aber wie kannst du das Beste aus dem Leben herausholen? Was tut man am besten? Was wird mich glücklich machen? Wie kann ich das wissen? Es gibt so viele Möglichkeiten etwas zu tun; und dennoch ist jede begrenzt, vergänglich - eine Sandburg am Strand der Zeit. Unser immer-vorhandenes Gewahrsein ist jedoch unveränderlich, unbegrenzt und immer schon hier. Wenn wir gegenwärtig sind mit dem, was passiert, werden wir immer sein, wo wir sind, zufrieden mit dem Leben, so wie es ist.

Die Qualität, man selbst zu sein, offen und gegenwärtig, ist wichtiger als jede Deutung oder jedes Verständnis, das entstehen kann, da jedes Verständnis nur ein Ereignis innerhalb der Zeit ist, das zwangsläufig verschwindet. Vielleicht hast du diese Erfahrung in der Schule beim Schreiben eines Aufsatzes gemacht. Du bist richtig darin vertieft, beendest ihn, gibst ihn ab, bekommst eine Note - und das Leben geht weiter. Die gesamte Aufmerksamkeit, die in dieses Projekt hineingegeben wurde, löst sich auf. Du verliebst dich. Es ist nur ein

Moment. Du isst eine gute Mahlzeit. Es ist nur ein Moment. Nichts kann festgehalten werden. Du kannst es nicht mitnehmen, aber wer ist derjenige, der nach dem Ereignis bleibt? Du gehst immer weiter. 'Jemand' ist immer hier. Wer ist es, der immer hier ist? Seit deiner Geburt warst du immer 'du'. Du bist nicht mehr gleich groß, tust nicht mehr dieselben Dinge, hast nicht mehr die gleichen Interessen oder die gleichen Freunde, aber irgendwie warst du immer 'du'. Was ist dieses Du-Sein von dir? Es ist keine Geschichte oder eine geheimnisvolle Seelenessenz. Es ist unsere ungeborene Gegenwärtigkeit der Leerheit.

Das ist die Wirklichkeit des Geistes selbst. Wenn wir in diesen offenen Moment hinein entspannen, können wir sehen, wie die turbulenten Bewegungen des Lebens - Glück, Traurigkeit, Nähe und Distanz - einfach kommen und gehen. Wie auch immer die Umstände sind, wir sind hier - offen, weiträumig und unendlich einladend.

NATUR

Es ist nicht so, dass diese Welt ein schrecklicher Ort ist, aus dem wir uns befreien müssten. Vielmehr ist es eine wundervolle Welt, in der wir nicht voll und ganz leben - wir nehmen nicht vollständig an ihr teil, weil wir nicht uneingeschränkt präsent sind. Die Schrecken der Welt sind Produkte unserer Vorstellungen, Pläne, Erwartungen und Phantasien. Diese werden durch den Zweitaktmotor angetrieben, der zwischen Verlangen und Abneigung pulsiert.

Im Thögal wird der ununterbrochene Prozess der Erfahrung als *'dorje lug-gu gyud'* bezeichnet. *Lug-gu* bedeutet 'Schaf' und *gyud* heißt 'Kette'. Man sieht häufig eine ganze Reihe von Schafen hintereinander auf einem kleinen Weg im Gebirge gehen. Schaf folgt auf Schaf folgt auf Schaf… Ebenso haben wir diese Gedanken, die einander folgen, folgen, folgen… und sie hinterlassen Spuren. Wenn du erkennst, dass der Gedanke im Moment seines Erscheinens überhaupt nichts ist, wirst du keine zusätzliche Wertigkeit in ihn hineingeben; und du wirst keine Spuren hinterlassen. Erscheinungen sind selbst-befreiend, wenn wir sie in Ruhe lassen. Deshalb lautet die Anweisung immer: *"Verfalle nicht in Beurteilung!"* Sie sollte jedoch sehr sanft und leicht aufgefasst werden, da selbst die übelsten Gedanken und extremsten Ansichten keine andere Grundlage als den Dharmadhatu haben. Eine Beurteilung, die in Dualität entsteht, ist nicht dasselbe wie eine Beurteilung, die in Nicht-Dualität entsteht; und dennoch sind sie gleich.

Saraha sagte, dass Wasser im Winter zu Eis wird und im Sommer verdunstet. Was also ist der wahre Zustand von Wasser, fragte er. Manchmal gefriert unser Geist wie Eis; wir werden sehr scharf, sehr bestimmt und können uns nicht bewegen. Manchmal sind wir entspannt und fließend wie Wasser, in der Lage, uns jeder Form um uns herum anzupassen. Andermal sind wir etwas zerstreut und diffus, wie Dampf oder Nebel. Wir können jede dieser Möglichkeiten sein. Es ist wichtig, wie Eis werden zu können, eine feste Form anzunehmen. Es ist wichtig, wie Dampf werden zu können, weitschweifend und durchdringend zu sein. Es ist wichtig, fließen zu können wie ein Fluss. Probleme entstehen, wenn wir einen Zustand annehmen, der in Widerspruch zu den Umständen steht, denn dann sind wir nicht mehr mit unserer Umgebung im Gleichgewicht. Durch unsere Praxis entwickeln wir die Freiheit, uns durch die verschiedenen Möglichkeiten unseres Daseins zu bewegen, indem wir mit dem entstehenden Erfahrungsfeld Schritt halten.

Wir können wie Seegras sein, das sich in der Strömung wiegt, Menschen streift, nah genug, um sie zu berühren, ohne sie aber zu kratzen, zu zwingen oder zu fordern. Indem ich selbst bewegt werde, bin ich zusammen mit dir Teil der gleichzeitig entstehenden Bewegung. Wenn ich die Definition meiner Identität nicht auf ein bestimmtes Bewegungsmuster festlege, macht es mir nichts aus, wenn du mich beeinflusst. All meine Formen sind ich, in gleichem Maße ich. Ich gewinne oder verliere als offenes Gewahrsein nichts, wenn ich meine Form verändere. Wenn meine Form gleichzeitig mit anderen entsteht, steht meine Energie für andere, für die Welt, für die spontane, wirklich ethische Teilnahme am Feld der Nicht-Dualität zur Verfügung. Wenn wir zu unserem grundlosen Grund erwachen, erkennen wir, dass die freie Bewegung seiner Energie mühelos entsteht.

Zuzulassen, dass der Geist so ist, wie er ist, dass er sich ohne unsere Beeinflussung entfalten kann, wird im Tibetischen *'rang bab'* genannt, was *'von selbst fallen'* bedeutet, wie ein Wasserfall. Ein Wasserfall fällt von alleine, beeinflusst durch Felsen und Wind. Ähnlich stürzt auch der Fluss unseres Geistes einfach hinab, unberechenbar, wechselnd zwischen schlüssig und zusammenhangslos. Wenn wir das zulassen, wenn wir nicht in das Geschehen eingreifen, beginnen wir zu vertrauen: "*Oh, das Leben findet seinen eigenen Weg.*" Insbesondere erkennen wir: "*Ich muss nicht die Verantwortung tragen.*"

Ich habe einen Kinderfilm über einen Elefanten gesehen, der fliegen wollte. Der Elefant konnte nicht fliegen, aber einigen seiner Freunde gelang es, ihn auf einen Baum zu schaffen, wo eine freundliche Wolke vorbeischwebte und unterhalb von ihm anhielt. Der Elefant sprang vom Baum auf die Wolke und fiel mitten hindurch! Leerheit ist gleichermaßen wie eine Wolke, und wir sind wie Elefanten. Solange wir nicht sehr leicht werden, leicht und leer, werden wir hindurchfallen. Wir werden nicht in Leerheit verbleiben können, solange wir nicht ebenfalls leer sind.

Alle Erfahrungen in unserem Leben sind wie Vögel, die am Himmel fliegen. Wenn du spazieren gehst, kommt dir vielleicht plötzlich eine Erinnerung in den Sinn. Sie ist ein schöner Vogel. Sie ist in deinen Geist geflogen und fliegt dann wieder weg. Vögel können dir aber auch auf den Kopf kacken. Wenn du dich in einem Gedanken verfängst, kann er beginnen zu reiben. Dann geschieht etwas anderes. Nach diesem schönen kleinen Kolibri kommt ein Adler und dann ein Geier. Dennoch werden auch sie wieder wegfliegen. Alles fliegt weg. Nur der Himmel bleibt.

Wir müssen uns entscheiden. Wir können ein Jäger sein oder ein Vogel oder wie der Himmel. Wenn wir wie der Himmel sind, wird alles zu uns kommen und wieder gehen - wir können uns an den fliegenden Vögeln erfreuen. Oder wir sind ein Jäger, immer auf der Jagd, um die Vögel zu fangen oder zu töten. Das erzeugt eine ständige Erregung in unserem Geist, da wir immer Ausschau halten und zum Sprung bereit sind. Eine solch gierige Haltung macht uns blind für die Schönheit und Freiheit der Situation. Wenn wir jedoch ein Vogel werden, wird der Jäger kommen und uns fangen, und dann werden wir den Rest unseres Lebens singend in einem kleinen Käfig verbringen.

Wenn wir erkennen, dass wir durch unsere Identifizierung mit unseren Gedanken wie ein Vogel sind, ist es nicht sinnvoll, davon zu träumen, in ein Land zu fliehen, in dem es keine Jäger gibt. Solange es Vögel gibt, wird es Jäger geben. Doch auch in unserem Käfig, und sei er noch so klein, gibt es immer noch ein wenig Platz. Indem wir uns in diesen Raum integrieren, offenbart sich die Freiheit unseres Lebens, auch wenn die Umstände sehr begrenzt sind. Deshalb versuchen wir in unserer Praxis, uns so schnell und einfach wie möglich mit dem Raum zu verbinden. Durch das Ruhen im Raum erkennen wir, dass der Vogel und der Jäger dieselbe Natur haben; beide sind Gedanken, beide sind Kennzeichnungen ohne innewohnende Selbstidentität.

Solange ein Samenkorn nur für sich allein ist, bleibt sein Potential verborgen. Noch spielt es keine Rolle, ob aus ihm eine Blume oder ein Unkraut wachsen wird. Ein Unkraut ist nur dann ein Problem, wenn es an einer Stelle wächst, an der man es nicht haben will. Wenn wir in der Meditation sitzen, führen unsere Gedanken, ob sie gut sind oder schlecht, nicht zu Handeln in der Welt und sind nicht sehr gefährlich. Dies ermöglicht uns, nah an sie heranzugehen und zu sehen, was sie wirklich sind, ohne sie zu verstärken oder zu unterdrücken.

Das fördert das Reifen von Weisheit. Natürlich kann unsere Praxis, indem sie uns empfindsamer und aufmerksamer macht, auch dazu beitragen, dass wir uns der Schwierigkeiten und des Leidens in der Welt um uns herum bewusster werden. Dadurch kann es so scheinen, als würde sich unser eigenes Leiden vergrößern. Bleiben wir aber bei dem, was erscheint, und lassen zu, dass wir berührt und bewegt sind, wird das zur Reifung von Mitgefühl beitragen.

Heute Abend habe ich eine Frau gesehen, die in ihrem Garten die Blumen goss. Aber natürlich hat sie nicht nur die Blumen, sondern auch das Unkraut gegossen, denn es wächst ja immer beides. Wenn man möchte, dass die Blumen gedeihen, gibt man Wasser und Nährstoffe in den Boden, und so wird er auch für Unkraut zu einem guten Nährboden. Bei der spirituellen Entwicklung ist es ebenso: Je mehr du dein Potential nährst, desto bewusster wird dir, dass neue Unkrautarten sprießen.

Wir sind wie Kinder, die am Morgen eine Sandburg am Meer bauen und sehr unglücklich sind, wenn sie nach dem Mittagessen zurückkommen und das Meer die Burg weggespült hat. Alles, was wir tun, sind nur Sandburgen. Es ist eine reine Fantasie zu glauben, dass unser Lebenswerk mehr als das wäre. Das bedeutet nicht, dass wir keine Sandburgen bauen sollten, denn unser körperliches Dasein ermöglicht uns, uns handelnd in der Welt einzubringen. Der entscheidende Punkt ist zu erkennen, dass alles, was wir tun und was uns widerfährt, wie ein Traum ist, wie eine Luftspiegelung, wie eine Illusion. Erscheinungen sind unstrittig da, aber ohne Substanz. Es gibt nichts, woran wir uns festhalten können. Wenn wir nach Objekten greifen, greifen wir in Wirklichkeit nach unseren eigenen gedanklichen Konstrukten.

Die Wellen der Objekte, die auf uns zukommen, und die Wellen unserer Projektionen, die ihnen entgegenkommen, beeinflussen sich unaufhörlich gegenseitig. Immer neue Dinge tauchen auf, für die wir uns interessieren und auf die wir reagieren können. Wenn die Wellen im Meer aufeinander treffen, entsteht weißer Schaum. Ähnlich verbringen wir unser Leben in der vergänglichen Schaumblase jedes einzelnen abgekapselten, überbewerteten Augenblicks.

Wenn du mit einem Boot hinausfährst und der Wind weht, kannst du beobachten, wie sich die Wellen bewegen. Eine Möwe fliegt vorbei und landet auf dem Wasser. Sie ist geflogen und schaukelt nun auf den Wellen. Sie macht eine kleine Pause, aber der Untergrund, auf dem sie sich ausruht, bewegt sich. So ist unser Geist. Momente innerhalb der Zeit fließen weiter, wie Wellen im Meer. Jede Welle enthüllt einen Gedanken, der interessant erscheint, und die Möwe unserer Aufmerksamkeit landet darauf und glaubt, dort den nahrhaften Fisch zu finden. Doch genau in dem Moment, in dem du denkst "*Hier gehöre ich hin*", wirst du weiter getrieben. Jegliche Manifestation ist dynamisch, und unser Bemühen, Bewegung zu stabilisieren, lenkt uns von der Möglichkeit ab, als unser Geist selbst präsent zu sein, als der eine Aspekt des Lebens, der ruhig ist.

Im Märchen fällt Dornröschen in einen tiefen Schlaf, nachdem sie sich an ihrem Geburtstag den Finger an der Spindel sticht. Allmählich wachsen die wilden Pflanzen, Dornenbüsche und das Gestrüpp um sie herum. Doch eines Tages macht sich ein junger Prinz auf den Weg, um die Prinzessin zu finden. Er betritt den dunklen Wald und erreicht den Berg spitzer Dornen. Er zieht sein Schwert und schlägt sich seinen Weg hindurch, bis er Dornröschen findet. Mit einem zärtlichen, sanften Kuss erweckt er das Mädchen. Viele Menschen betrachten das spirituelle Leben auf diese Weise. Sie betrachten alle Wesen als schlafende Buddhas, überwuchert von verschiedenen Arten von Konditionierungen und Karma. Und so geloben sie auf heldenhafte Weise, das heilige Schwert der Wahrheit zu ziehen, die Hindernisse zu durchschneiden und sie zu befreien. Auch das ist ein Märchen. Tatsächlich muss jeder von uns lernen, mit den Umständen zu arbeiten und zu erkennen, dass die Hindernisse selbst der Weg sind, dass woanders keine Schätze versteckt liegen. Die Schätze sind genau dort zu finden, wo wir sind.

Im Herbst endet die geschäftige Phase für Eichhörnchen. Sie sammeln die letzten Nüsse für den Winter. Sie verstecken die Nüsse irgendwo unter der Erde, manchmal in kleinen Baumlöchern. Unglücklicherweise ist das Erinnerungsvermögen des Eichhörnchens nicht allzu gut, so dass man es zu Beginn des Frühjahrs hier und dort wühlen sieht, auf der Suche nach seinen vergrabenen Nüssen. Ähnlich verwahren wir Teile unseres Lebens, unsere Werte und Identitäten, an verschiedenen Orten und bei verschiedenen Menschen. Sobald diese anderen für uns wichtig werden, ist es so, als sei ein Teil von uns in ihnen eingebettet und könnte von uns nur dann erlebt werden, wenn wir mit ihnen zusammen sind. Wir scheinen eine sichere Möglichkeit gefunden zu haben, die Vergangenheit in die Zukunft zu bringen, Schätze für später zu verwahren, wenn wir sie brauchen. Aber Objekte verändern sich, Menschen verändern sich, unsere Stimmungen und Wünsche ändern sich. Und wenn wir Orte, Menschen, Vorstellungen usw. aufsuchen, die einst so wichtig für uns waren, stellen wir fest, dass sie zu bloßen Echos geworden sind. Die Vergangenheit ist vorüber, die Zukunft ist ungewiss. Wir haben nur die Möglichkeit, uns zu öffnen und jetzt vollständig präsent zu sein. Es ist sinnvoller, dem Beispiel des Buddha zu folgen als zu versuchen, ein erfolgreiches Eichhörnchen zu sein.

Im Frühling kann man auf dem Land kleine Lämmer herumspringen sehen. Das Feld ist weitläufig und sie hüpfen und rennen umher. Ihre entzückende Energie ist nicht nutzbringend. Sie ist der pure Übermut und die Freude am Leben. Wenn wir uns eher wie ein müdes altes Schaf fühlen, das schon alles kennt, müssen wir die frische Erfahrung des Feldes wirklich schmecken. Wir sind müde, weil wir durch Verantwortungen belastet sind und unsere Konzepte sind müde, überbeansprucht, verbraucht. Wenn wir sie aber beiseite legen können und bei dem sind, was ist - nun, wunderbar. Das unendliche weiträumige Feld des Dharmadhatu ist immer frisch und strahlt unvorhersehbar Bilder aus. Durch Meditation können wir unsere ermüdenden Anschauungen abstreifen und im grenzenlosen Raum des Geistes herumtollen. Es ist alles nicht so ernst.

Wenn wir sagen, dass etwas gut und etwas anderes schlecht ist, setzen wir einige Aspekte der Welt in den Vordergrund und stellen andere in den Hintergrund. Selektive Aufmerksamkeit, gewohnte Interpretation und einseitige Urteile füllen unseren Teller mit einer sehr begrenzten Auswahl vom unendlichen Buffet der Welt. In dieser Hinsicht sind wir wie ein Gärtner, der sich abrackert, um die Welt nach seinen Vorstellungen zu gestalten. Gehen wir aber in die wilden Gebirgslandschaften, so sehen wir alle Arten von Pflanzen und Büschen, die frei wachsen und gut sind, so wie sie sind. Das Ego pflegt einen persönlichen Garten und übersieht dabei die üppige Fülle der Natur.

NAHRUNG

Im Tibetischen gibt es den Begriff 'cha', was 'ein Anteil' oder 'eine Portion' bedeutet. Es bezeichnet unseren Teil. Unser Teil der Welt wird uns durch unsere Teilnahme offenbart. Wir bekommen, was wir bekommen; und mit dem zu arbeiten, hält uns lebendig und verbunden mit dem, was wichtig ist. Zu glauben, wir sollten etwas anderes bekommen, etwas Besseres, bedeutet, dass wir nicht sehen, was auf unserem eigenen Teller liegt. Es ist nicht sinnvoll, ständig auf die Teller anderer Leute zu schauen.

Der Zweck der Nahrungsaufnahme ist es, das Geschmacksempfinden im Mund und das Hungergefühl im Magen zu befriedigen und zu gewährleisten, dass wir ausreichend Nahrung aufnehmen, um Körper und Geist zu erhalten. Der Zweck der Meditation ist ähnlich. Zunächst einmal muss sie unseren Gaumen erfreuen: Wir müssen es wirklich genießen, zu meditieren. Ich persönlich mag keinen Broccoli. Ich esse ihn nicht, deshalb würde es für mich nicht viel Sinn machen, zum Broccoli-Buddha zu beten. Es ist wichtig, eine Praxis zu finden, die einen süßen Geschmack auf der Zunge erzeugt und unsere Klarheit erhöht. Es reicht nicht aus, sie nur deshalb zu machen, weil es uns jemand gesagt hat. Wir müssen unsere eigene Erfahrung und Empfindung überprüfen: 'Wie wirkt sich diese Praxis auf mich aus?' Buddhismus ist in seiner Ausrichtung pragmatisch und die Methoden wurden so gestaltet, dass sie zu bestimmten Ergebnissen führen. Wir praktizieren nicht, um einfach etwas zu tun oder um uns die Zeit zu vertreiben. Unsere Praxis gründet in unserer Absicht, und diese Absicht muss aufrichtig sein, um langfristig aufrechterhalten werden zu können.

Wenn man eine Tasse mit Wasser füllt, wird sie irgendwann voll sein. Selbst etwas so Großes wie ein Fußballstadion ist voll, wenn hunderttausend Menschen darin sind. Denk einmal an all die Erfahrungen, die du heute gemacht hast. Wie kann es sein, dass du nicht voll von ihnen bist? Manchmal fühlen wir uns in der Tat überlastet und wollen nur, dass man uns in Ruhe lässt. Wir scheinen die Grenze unserer Möglichkeiten erreicht zu haben. Das geschieht, weil die Oberfläche des Geistes klebrig geworden ist und die Ereignisse verkleben. Wir sind voll von klebrigem Reis. Alles fühlt sich zu viel an. Wenn sich uns aber im nächsten Moment eine angenehme Erfahrung darbietet, nehmen wir einen großen Bissen. Plötzlich haben wir etwas mehr Raum gefunden. Die Natur des Geistes ist Raum, aber die Einmischung des Ego begrenzt unsere Fähigkeit, zugänglich zu sein. Entspanne und lass los. Alle Erscheinungen sind selbst-befreiend in der Unendlichkeit des Gewahrseins.

Wir alle errichten in unserem Leben Schicht für Schicht eine mächtige Lasagne aus Bedeutung, und Lasagne ist, wie wir wissen, sehr schwer. Ein Großteil des Leidens entsteht, weil unser Erleben von uns selbst und unserer Umgebung durch unsere gewohnten Geschichten vermittelt wird. Diese Geschichten haben eine Neigung oder Tendenz, was dazu führt, dass wir unsere Aufmerksamkeit nur auf bestimmte Dinge richten, was viele andere Möglichkeiten, die wir in Erwägung ziehen könnten, verhindert. Der Zweck der Meditation ist es, unsere Annahmen infrage zu stellen, so dass Geschichten verbindender und aufgeschlossener werden, anstatt unser ängstliches Ego zu bestätigen.

In der Tradition gibt es allgemeine Richtlinien darüber, wann die einzelnen Praktiken anzuwenden sind, und wir müssen bedenken, dass jede dieser Praktiken eine Methode ist. Methoden sind nicht an und für sich sinnvoll, sondern abhängig von der Situation. Lasst uns das Beispiel eines Kartoffelschälers nehmen. Seine Aufgabe besteht darin, die Kartoffelschale zu entfernen, und das macht er ziemlich gut. Ich schäle gerne Kartoffeln, aber die kleinen, jungen Kartoffeln schäle ich nicht gerne. Egal, wie gut mein Kartoffelschäler ist, er ist bei jungen Kartoffeln nutzlos. In der tibetischen Tradition gibt es viele verschiedene 'Kartoffelschäler'. Die Frage ist: "*Welche Kartoffeln bietet uns das Leben gerade?*"

Wenn du es gewohnt bist, dein Essen mit viel Knoblauch, Salz und Chili zu würzen, und dann einfachen weißen Reis und gedünstetes Gemüse essen musst, wird das Essen nicht sonderlich gut schmecken. Du wirst dich nach dem Reiz sehnen, der durch den intensiven Geschmack von Knoblauch, Salz und Chili entsteht. Das ist unsere Situation. Wir sind süchtig nach Konzeptualisierung, und wenn jemand eine Sucht hat, ob es Tabak, Alkohol oder irgendeine Aktivität ist, kehrt er immer wieder zu dieser Tätigkeit zurück, da sie etwas Wichtiges zu bieten scheint. Wir kehren zum Altbekannten zurück, da es uns ein Gefühl von Zugehörigkeit und Kompetenz und angenehmer Vertraut-heit gibt. Deshalb müssen wir immer und immer wieder meditieren. Wir befinden uns noch im Prozess, uns an das zu gewöhnen, was wirklich da ist. Dieser frische Geschmack des Augenblicks mag fad und langweilig erscheinen, wenn wir die Geschmäcker von Angst, Furcht, Hoffnung, Erregung etc. gewöhnt sind. Diese leckeren Nahrungsergänzungsmittel werden von unserem eigenen Geist hergestellt. Auf der Jagd nach unseren Gedanken und

Gefühlen stimulieren wir unseren Gaumen übermäßig, so dass der simple Geschmack des Lebens-wie-es-ist uns entgeht. Durch die Praxis entspannen wir und erkennen, dass weniger mehr ist.

Als Kind bekam ich nur Nachtisch, wenn ich das Fleisch und Gemüse auf meinem Teller aufgegessen hatte. Mit Energie zu arbeiten ist der Nachtisch. Zuerst musst du den Hauptgang verdauen, was bedeutet, zu deiner innewohnenden Offenheit zu erwachen. Wenn du immer nur den Pudding isst, werden deine Zähne ausfallen und du wirst viele Pickel bekommen.

Alte Erfahrungen müssen vergehen, damit neue kommen können. Ansonsten würde sich die neue Erfahrung mit der alten vermischen und die entstandene Mischung wäre weder alt noch neu. Wenn du zum Mittagessen in ein Restaurant gehst, man dir das Essen bringt und du am Tellerrand altes getrocknetes Essen findest, bist du nicht erfreut. Du würdest dem Kellner sagen: "*Ich bin damit nicht einverstanden. Ich möchte einen sauberen Teller für mein frisches Essen haben.*" Ebenso können wir das frische Essen des gegenwärtigen Augenblicks genießen, wenn unser Geist offen, empfänglich und frei von der Vergangenheit ist. Wenn der Teller deines Daseins jedoch mit einem Haufen alter Erfahrungen beladen ist, wird dies alles verunreinigen, was jetzt passiert, und die triste Mischung wird deinen übersättigten Gaumen nicht erfrischen.

Das Komplexe ist eigentlich einfach, da wir die direkte Erfahrung schlichter Momente machen: dies, dies, dies. Komplexität errichten wir dadurch, dass wir einfache Momente endlos aneinander reihen, während ein Gedanke auf den nächsten folgt. Diese Aneinanderreihung erzeugt ein Gefühl von Dichte, Festigkeit, Verflochtenheit – so dass sich jeder Moment wie ein mehrschichtiges Clubsandwich anfühlt. Diese scheinbare Komplexität wird durch unsere gedankliche Aktivität verursacht, unsere konzeptuelle Ausarbeitung. Indem wir unsere gewohnte Anstrengung entspannen, wird jeder Augenblick ein einfacher Snack, der nicht dick macht.

GRENZENLOSER GEIST

Der Geist ist grenzenlos.

Etwas Grenzenloses hat keine Beschränkung.

Wenn es keine Beschränkung hat, hat es keine

Ränder, keine Grenze.

Es gibt nichts außerhalb des Geistes.

Nichts zu exportieren, nichts zu importieren.

Wenn er für dich entsteht, gehört er dir!

Also...

Woher kommt er?

Der Geist kommt von nirgendwo her

Dennoch kommt alles aus dem Geist.

Dies herauszufinden bedeutet, dich selbst zu finden.

Dennoch - süßes und bitteres Paradox -

Kann er nicht gefunden werden.

SAMSARA

Samsara ist der Versuch, das zu stabilisieren, was niemals stabilisiert werden kann; deshalb gibt es kein Ende. Während wir uns abmühen, das Unmögliche möglich zu machen, sehen wir nicht die einzig stabile Sache: die Tür zu Nirvana.

Im entspannten, offenen Raum entsteht alles, wie es ist, und in dieser Gastfreundlichkeit, frei von Verlangen, gesundet die angespannte, nervöse Unruhe, die den Motor von Samsara antreibt.

Wenn du ruhig in Meditation verweilst, kannst du die Geburt von Samsara beobachten. Wenn die Offenheit des Geistes zu verschwinden scheint, während wir in den Erscheinungen gefangen werden, wird das Subjekt durch das Objekt verzaubert und vergisst dadurch den gemeinsamen Grund von Erfahrung und Erfahrendem. So viel Unruhe wird erzeugt, ohne dass wirklich etwas erschaffen wird. Täuschung entsteht, wenn wir die Energie des Geistes für fest halten. Das führt uns weit weg von dort, wo wir sind, ohne dass wir woanders ankommen. Der offene Grund ist die Mutter Samsaras, doch Täuschung ist der Vater.

Du kannst den Augenblick nicht ergreifen, doch du kannst in ihm, so wie er ist, gegenwärtig sein. Du kannst direkt oder indirekt in ihm sein. Direkt in ihm zu leben wird Nirvana genannt, indirekt in ihm zu leben heißt Samsara.

Es ist ist nicht so, dass wir vor langer Zeit in Samsara hineingeraten sind und uns jetzt bemühen, heraus zu kommen, als wäre es ein teuflischer Albtraum. Samsara beginnt und endet in jeder Sekunde, in jedem Moment. Ein Gedanke kommt auf, wir fallen in ihn hinein - und da ist Samsara. Der Gedanke vergeht, und genau in diesem Moment zeigt sich Raum; und wenn du in dem Raum gegenwärtig bist, ist Samsara verschwunden. Dann erkennst du, dass zwischen Samsara und Erleuchtung keine Wand besteht. Sie sind nicht grundlegend verschieden.

Das Leiden Samsaras entsteht, weil wir trotz des Wissens über unsere Unendlichkeit und Unwandelbarkeit beim Versuch, das zu stabilisieren, was wir für unsere Identität halten, unser Verlangen nach Unveränderlichkeit unsinnigerweise auf unser Ego-Selbst projizieren, einen Aspekt unserer Erfahrung, der sich in Wirklichkeit ständig verändert.

Wenn du glaubst, dass Samsara und Nirvana verschieden wären, dann ist es so, als gäbe es zwei Fabriken. Eine Fabrik stellt Samsara her und die andere Nirvana. In Samsara sind die Dinge sehr schlecht, während die Dinge in Nirvana sehr gut sind. Wenn wir an dieser Sichtweise festhalten, dann müssen wir die Samsara-Fabrik schließen und die Produktion des Leidens stoppen. Wenn das erledigt ist, wird es ausschließlich Produktion in der Nirvana-Fabrik geben und alles wird sehr schön und glänzend sein. Das ist nicht die Sichtweise des Dzogchen. Laut Dzogchen gibt es einen Grund, eine Fabrik, und aus dieser entstehen Samsara und Nirvana, ohne hergestellt zu werden. Dies ist die Traumfabrik der Täuschung, in der Samsara und Nirvana bloße Spiegelbilder im Spiegel des Geistes sind.

THERAPIE UND BUDDHISMUS

Während meiner Tätigkeit als Therapeut habe ich festgestellt, dass die Meditationspraxis Menschen helfen kann, die unruhig und verloren sind. Sie kann ihnen helfen, sich von ihrem gewohnten Empfinden, hilflos im Erfahrungsfluss gefangen zu sein, zu lösen. Ruhe und Klarheit zu entwickeln hilft uns, am Flussufer zu sitzen und den Fluss zu beobachten, ohne in ihn hineingezogen zu werden. Mit etwas Orientierung und Unterstützung können wir alle lernen, die Erscheinungen aufmerksam wahrzunehmen, nicht aber in sie verwickelt zu sein. Das ist eine enorme Erleichterung. Ich bin weder mein Symptom noch meine Diagnose. Ich bin derjenige, der erkennt, was passiert und was ich tue.

Unsere Meditation beruht auf Leerheit, der Leerheit unseres Geistes und der Leerheit aller Erscheinungen. Zur täuschenden Natur des Seins zu erwachen ermöglicht uns, uns selbst nicht zu ernst zu nehmen. Vergängliche Erfahrungen entstehen und vergehen, und so lernen wir, teilzunehmen, ohne zu verdinglichen und die begrenzenden Verführungen von Hoffnungen und Ängsten loszulassen. Ob ich bei meiner Arbeit als Therapeut gute Sitzungen oder schlechte Sitzungen, gute Übertragungen[3] oder schlechte Übertragungen habe, alles ist das Spiel der Leerheit. So gibt es nicht allzu viel über unsere Arbeit zu sagen, nur: *"Oh ja, wieder ein arbeitsreicher Tag."*

---

3   Hier ist mit dem Begriff die Übertragung in der Psychoanalyse (Freud) gemeint.

Wiederholte negative Gedanken werden wie ein großes altes Sofa - schwer zu bewegen und verführerisch, sich darauf auszuruhen. Wir können uns in unsere neurotischen Überzeugungen fallen lassen und uns darin zuhause fühlen. Dann betrachten wir die Welt aus dieser Perspektive. Natürlich geschehen gleichzeitig viele andere Dinge, aber wir sitzen bequem und schauen in die eingeschlagene Richtung. Etwas Neues zu tun scheint nicht so interessant zu sein, wie die herrlichen Begrenzungen dieser Neurose zu wiederholen. Oh, oh!

Nichts währt ewig. Im Frühling sprießen die Blumen aus dem Boden. Im Herbst sterben die Blumen und im Winter ist über der Erde kaum etwas übrig. Als ich meine Tätigkeit als Therapeut begann, wusste ich nicht viel, aber es war Frühling und frische Ideen tauchten wie Blumen auf. Nach einer Weile blühte der Garten meiner Praxis. Doch die Jahre vergehen und obwohl ich jetzt viel mehr weiß, ist es fast Winter für mich und mein Arbeitsleben wird bald enden. So ist das Leben. Viele Dinge, die ich früher gemacht habe, kann ich jetzt nicht mehr tun. Es ist Zeit loszulassen. Wir nehmen unseren Platz in der Welt entsprechend unserer Jahreszeiten ein. Im Winter lässt unser Eifer nach und unsere Gemütslage ist ruhiger. Den Umstand von Verlust zu kennen, loslassen zu können und weniger zu erleben als früher - diese schmerzlichen Erfahrungen können unser Einfühlungsvermögen vertiefen und zu einer stärkeren Lebensbejahung führen. In der Therapie gibt es viele Theorien über die Natur psychologischer Veränderung, als ob Veränderung nicht stattfinden würde, wenn wir nicht dafür sorgen. Über unsere eigene Vergänglichkeit zu reflektieren erinnert uns jedoch daran, dass Veränderung das Herzstück jeglicher Erfahrung ist, und dass unser eigener Einfluss nicht allzu groß ist. Eine Veränderung tritt für Patienten ein, wenn sie sich für die ständig wechselnden Rhythmen des Lebens öffnen.

Wir müssen bei unseren Geschichten immer die Zutaten bedenken, die darin vorhanden sind. Das ist einfach, wenn man einen Salat zubereitet, da die Zutaten in einem Salat leicht auszumachen sind. Backt man etwas wie Lasagne im Ofen, ist es nicht so leicht, da die Hitze zu einer Veränderung führt. Die verschiedenen Aromen kommen zusammen und erzeugen einen gemischten Geschmack. Die Aufgabe des Therapeuten in der klinischen Umgebung ist es, dem Patienten achtsam dabei zu helfen, die rohe Nahrung direkter Erfahrung zu sich zu nehmen. Jedes Mal, wenn du Erfahrung kochst, indem du sie in den Ofen der Gewohnheiten und Vermutungen schiebst, tötest du viele der Vitamine. Hilf dem Patienten, nah bei der Frische seiner Erfahrung zu bleiben und unterstütze ihn dabei, zu erkennen, wie er seine zusammengesetzte Geschichte konstruiert. Ja, wir brauchen unsere Geschichten, wenn wir in der Welt funktionieren wollen, denn diese Welt ist größtenteils aus Geschichten errichtet; dennoch müssen wir erkennen, dass jede erzählte Geschichte nur eine Geschichte ist, nur eine Variante, nur ein Muster dessen, was wir darstellen können. Wenn wir uns in der Geschichte verfangen und sie für die Wahrheit halten, werden wir unsere Klarheit verlieren.

Nachdem der Patient am Ende der Therapie von der Übertragung[4] befreit ist, kann er erkennen, dass der Therapeut ein ganz gewöhnlicher Mensch ist. Dieser Traum von der Besonderheit dieser bestimmten Person ist vorbei. Das beendet jedoch nicht das Träumen. Das Träumen geht weiter. Man beendet den Traum der Analyse und beginnt einen anderen Traum, vielleicht den Traum vom 'Buddhismus'. Ein Traum folgt auf den anderen und jeder scheint wirklich und wahr zu sein. Luzides Träumen, bei dem man im Traum wach ist, bietet die Möglichkeit, ohne Verfestigung oder Greifen teilzunehmen.

---

4   Vgl. Fußnote 3, S. 118.

Die Vorstellung eines geteilten Selbst kann erschreckend sein, da es unser gewohntes Empfinden von 'Ich bin ich' infrage stellt. Tatsächlich sind wir weder geteilt noch einheitlich. Wir sind vielseitige, unzählige energetische Formen. Unsere Vielschichtigkeit wirkt manchmal stimmig und manchmal zusammenhangslos. Anstatt sie wie ein Orchester zu behandeln, das Partituren und einen Dirigenten benötigt, sollten wir einfach zulassen, dass unsere Vielfältigkeit sich zeigt und wertschätzend mit ihr umgehen. Unser Selbst ist dynamisch und beziehungsorientiert und deshalb ist jede Beschreibung, die wir von uns geben, nicht 'an sich' richtig, sondern muss im Zusammenhang betrachtet werden. Eine ausgeglichene Person zu sein bedeutet, auf gruppentherapeutische Weise mit den eigenen zahlreichen und unterschiedlichen Aspekten umgehen zu können.

WEISHEIT UND MITGEFÜHL

Das Gleichgewicht zwischen Weisheit und Mitgefühl ist sehr wichtig. Weisheit gibt uns Weiträumigkeit, während Mitgefühl uns Verbundenheit gibt. Diese beiden Aspekte gehören zusammen. Sie breiten sich aus dem Herzen aus wie die beiden Flügel eines Vogels.

Mitgefühl bedeutet, zur Wirklichkeit unserer Verbundenheit mit anderen zu erwachen. Diese Verbundenheit ist immer bereits da, auch dann, wenn wir uns ihrer nicht gewahr sind. Die Eigenschaft von Mitgefühl ist Verbundenheit.

All die unterschiedlichen tantrischen Praktiken dienen dazu, die Knoten zu lösen, die in unserem Körper vorhanden sind und die die Energie einengen, welche sich durch die Kanäle im Körper bewegt. Dies befreit uns, so dass wir mehr Beweglichkeit und mehr Leistungsfähigkeit haben, um uns mit dem endlosen, wirbelnden Schwung der Welt zu bewegen. In dieser Sichtweise bedeutet Weisheit, entspannt im offenen Gewahrsein zu verweilen, in müheloser Nicht-Dualität mit dem ungreifbaren Urgrund des Seins, während Mitgefühl heißt, immer das zu sein, was die Situation erfordert. Wenn wir wissen, wer wir tatsächlich sind, wenn wir wissen, dass wir nichts sind, besitzen wir das Potential, alles zu sein, was die Situation erfordert.

Wenn wir die breite Palette von Verwirrungen bei uns selbst und anderen erkennen und dann unsere gewohnheitsmäßige wertende Haltung aufgeben, dann haben wir die Möglichkeit, mehr Feingefühl anderen und uns selbst gegenüber zu entwickeln. Wenn wir uns auf die Kompliziertheit des Lebens einstellen, erkennen wir, dass es keinen leichten Weg gibt, der dazu führt, dass wir uns selbst oder andere 'in Ordnung bringen'. Für uns alle gibt es sowohl Verwirrung als auch die Möglichkeit, davon zu erwachen. Das ist nicht dasselbe wie 'geordnet' zu sein. Wenn wir alles in Leerheit, in ungeborenes Gewahrsein, integrieren, beseitigt das nicht die Probleme des Lebens und macht uns nicht zu 'besseren Menschen'. Der Raum, der sich öffnet, lässt Muster so sein, wie sind sind, vorüberziehend und wirkungsvoll. Ob sie als nützlich oder schädlich beurteilt werden - in Leerheit sind sie leer. Das ist, wie sie wirklich sind. Wenn wir uns für Leerheit öffnen, entwickeln wir Mitgefühl frei von Verdinglichung. Wir machen uns selbst nicht zu Objekten oder Werkzeugen und wir machen andere Menschen nicht zu Objekten oder Werkzeugen. Andere Menschen zu etwas zu machen, das zu unseren eigenen Plänen und Zwecken passt, verdreht alle Lehren zutiefst. Von Menschen zu verlangen, dass sie sich ändern, bevor wir ihre leere, täuschende Natur erkannt haben, ist ein sicherer Weg zu Konflikt und Gewalt.

Alles ist Illusion, bloße Erscheinung ohne wirkliche Essenz. Weisheit bedeutet zu erkennen, dass alles Illusion ist. Mitgefühl heißt, gewissenhaft und unterstützend mit Lebewesen umzugehen, die in Illusion gefangen sind, die durch die Täuschung entsteht, zu glauben, dass Phänomene tatsächlich in sich selbst wahr sind.

Wie werden Weisheit und Mitgefühl in unserem eigenen Dasein angeregt? Im Grunde hat Weisheit mit dem Verständnis der trügerischen Natur unseres Daseins zu tun. Das bedeutet nicht, dass alles Phantasie und nicht wichtig ist, denn Weisheit ist untrennbar von Mitgefühl, und Mitgefühl bedeutet, die Unmittelbarkeit der Verbindung zu spüren, die wir mit allem und jedem haben. Mitgefühl heißt, darauf zu vertrauen, dass Entspanntheit, Offenheit und Verbundenheit ein Handeln mit Fingerspitzengefühl ermöglichen, das sowohl tragend als auch ethisch ist.

Um anderen Menschen zu helfen, ist keine spezielle Brücke zwischen uns und den anderen notwendig, da wir uns schon immer bereits in der entstehenden Welt befinden, die uns und andere beinhaltet. Entsprechend unserer Gedanken und Vorstellungen kann das jedoch eine selbstbezogene Welt sein, die nur von uns selbst bewohnt ist. Wenn wir in uns selbst zu leben scheinen, geschützt oder begrenzt durch eine hohe Schwelle, wird unser Empfinden, eine autonome Wesenheit zu sein, verstärkt. Dieses Gefühl individueller Identität ist jedoch in Wirklichkeit ein energetisches Echo innerhalb eines Energiefeldes. Das heißt, wir sind Kommunikation und wir verändern uns mit dem Feld, das wir bewohnen. Wir sind nichts als Energie, die auf Energie reagiert.

Andere Lebewesen sind unsere Welt. Sie sind keine wahlweise Beigabe. Solange wir andere Menschen als getrennt von uns und getrennt voneinander betrachten, müssen wir uns bemühen, eine Verbindung mit ihnen aufzubauen oder uns von ihnen abzugrenzen. Diese Bemühung wird uns zu Gekünsteltheit verdammen. Wir erleben das alle zusammen, wobei 'das' nicht definiert werden kann und jeglicher Versuch, es festzulegen, fehlschlagen muss. Die Tatsache des gleichzeitigen Erscheinens macht unsere Zugänglichkeit für andere so normal wie das Atmen.

DIE EINHEIT VON WEISHEIT UND MITGEFÜHL PRAKTIZIEREN

Sicht

Unser Wesen, was und wie wir tatsächlich sind, ist kein 'Ding'. Es ist eine Offenheit, in der sich viele Erscheinungen auszudehnen und aufzulösen scheinen. Gut und schlecht sind gleichermaßen das leere Spiel des Geistes. Dies erkennend, öffnen wir uns für alles, was erscheint, ohne Hoffnung oder Angst.

Raum ist unzerstörbar, jenseits von Konditionierung oder Verunreinigung. Indem wir zu unserer eigenen Weiträumigkeit erwachen, sind wir von Voreingenommenheit und Selektivität sowie dem Drang, andere zu kontrollieren und sie als Freund oder Feind zu identifizieren, befreit. Ohne Gedanken an Gewinn oder Verlust können wir Licht und Liebe geben und Dunkelheit und Schmerz annehmen. Die Leerheit jeglicher Manifestation ist die eine Wahrheit. Die Bezeichnung von gut oder schlecht, erwünscht oder unerwünscht, ist bloß konditionierte, bedingte Meinung, die treibende Kraft für endlose Reaktivität und Unruhe.

Praxis

In der Praxis stellen wir uns vor, dass das Zentrum unseres Seins, unser Herz, ein endloser, klarer, blauer Himmel ist. Unser Urgrund, unsere Grundlage, ist einfach unbegrenzter Raum. Wir stellen uns Strahlen aus Regenbogenlicht vor, die in diesem klaren, blauen Himmel entstehen, sich ausbreiten und sich mit allen möglichen Wesen an allen möglichen Orten verbinden. Regenbogenstrahlen, der Segen der Leerheit, berührt alle Wesen und erweckt sie zu dem Licht, das ihre eigene innewohnende Eigenschaft ist. Wir stellen uns dann vor, dass von diesen Wesen all ihre Begrenzungen und Weisen, sich gegen sich selbst und andere zu richten, ausgehen und in Form von dunklen Schatten, schrecklichen Formen oder Gift zu uns zurückkehren. Diese ganze Dunkelheit kommt auf uns zu und löst sich im unendlichen blauen Himmel unseres Herzens auf. Wir öffnen uns, um den ganzen Schmerz und die Begrenzungen aller Wesen aufzunehmen. Wer ist derjenige, der das tut? Unser Gewahrsein, die Untrennbarkeit von Weisheit und Mitgefühl. Die Dunkelheit kommt nicht in unsere begrenzte Ich-Identität, sondern in die Unbegrenztheit unseres offenen Herzens. Wir konzentrieren uns abwechselnd auf das an alle Wesen ausgesendete Regenbogenlicht und auf die zu uns kommenden Schwierigkeiten. Wenn du das Gefühl hast, dass das Leiden, das auf dich zukommt, zu viel ist, dann setze den Schwerpunkt einfach auf das Regenbogenlicht, das von deinem Herzen ausstrahlt.

Funktion

Diese Aufgabe kann unser Ego nicht leisten. Es geht nicht darum, uns zur Überschreitung unserer Grenzen zu zwingen. Heldenhafter Kampf wird uns nicht von der Täuschung der Dualität befreien. Solcher Kampf bekräftigt lediglich unsere Vorstellung von stark und schwach, gut und schlecht. Das offene Herz ist jenseits von Dualität. Es ist keine Position, kein Zustand, keine Ansicht. Es steht nicht in Bezug zu irgendetwas anderem. Der unbegrenzte leere Geist kann alles geben und alles nehmen, weil er nicht in Widerspruch oder Konflikt steht. Nicht-Dualität ist frei von ‘*dies gegen das*’, ‘*selbst gegen andere*’. Ohne diese Freiheit kommt unser Mitgefühl schnell an seine Grenzen und unser Ego wird rufen: ‘*Und ich?*’ Diese sehr einfache Praxis ist die Integration von Weisheit und Mitgefühl. Mitgefühl bedeutet, keine Begrenzungen oder Blockaden bezüglich aller anderen Wesen zu haben, und Weisheit bedeutet, selbst untrennbar von Leerheit zu sein, dem Urgrund von allem. Leerheit bezieht sich nicht nur auf uns selbst und unser eigenes Herz, sondern auf alle anderen Wesen und alle Erscheinungen. Leerheit besagt, dass alle Erscheinungen in

Wirklichkeit substanzlos sind. Erscheinung ist kon-kret und präzise in ihrer Form und dennoch ohne bestimmende Essenz. Erscheinung ist weder existent noch nicht-existent; ihre illusionären Formen sind die Kreativität des Geistes. Der Geist erschafft alles, und alles besteht als Erfahrung des Geistes. Ungeboren und unaufhörlich ist dies die Unmittelbarkeit des Geistes jenseits von Begrifflichkeit. Normalerweise sind wir wie eine Art Gefäß. Unsere Teetasse z.B. kann nur eine bestimmte Menge aufnehmen. Würde man versuchen eine Gallone Wasser in unsere Teetasse zu schütten, gäbe es eine riesige Pfütze auf dem Boden. Durch unsere Identifizierung mit unseren gewohnten Gedanken halten wir uns selbst für begrenzt und sind deshalb in unserer Kapazität begrenzt wie eine kleine Tasse. Wir können nicht viel in uns aufnehmen und fühlen uns leicht über-fallen und überwältigt. Oder wir halten uns für unbegrenzt, ohne uns für unseren unendlichen Urgrund zu öffnen. Dann tun wir zu viel, bieten zu viel an und werden ausgebrannt und brechen zusammen.

Diese Praxis, in der wir uns selbst als der klare, blaue Himmel sehen, hat den Zweck, die Tasse des Selbst zu öffnen, so dass sie sowohl Raum als auch Quelle ist und unendlich geben und aufnehmen kann. Wie viel können wir ertragen? Nun, das hängt davon ab, wer wir in diesem Moment sind. Sind wir der verengte, ängstliche Aspekt, dann können wir nicht sehr viel aushalten. Sind wir jedoch weniger ängstlich und beansprucht, so können wir mehr bewältigen. Solange wir uns mit unserem selbstbezogenen Ego identifizieren, wird unsere Fähigkeit, alle Ereignisse willkommen zu heißen, begrenzt sein. Befinden wir uns jedoch in unserem entspannten, offenen Teilaspekt, müssen wir nichts ertragen oder darum kämpfen, mit etwas klar zu kommen, da wir die Welt nicht als belastend empfinden. Alles und jedes wird dann möglich.

In dieser Praxis schalten wir in einen anderen Gang, weg davon, alles auszuklammern, was nicht zu unserem Selbstbild passt, weg davon, engstirnig zu sein, begrenzt und abwehrend. Wir lösen uns von diesen aus Gedanken, Erinnerungen und Gefühlen errichteten Identifikationen und entspannen in den unbegrenzten, ungeschaffenen Geist. Dieser Geist ist selbst die Quelle und das Feld dieser begrenzenden Faktoren. Dies zu erkennen ist der Schlüssel, um uns von ihrer begrenzenden Kraft zu befreien. Diese Praxis heißt im Tibetischen Tonglen: *Tong* bedeutet 'ich gebe Positives an andere' und *len* heißt 'ich nehme Negatives von anderen.' Dies ist ein ungewöhnlicher Tausch. Normalerweise nehmen wir gerne gute Dinge von anderen an und teilen im Gegenzug unsere Probleme oder Sorgen. Wir neigen dazu, eigennützig und abwehrend zu sein, mit einer 'ich zuerst' - Einstellung. Durch diese Praxis setzen wir andere an erste Stelle, und dennoch geschieht dies seltsamerweise nicht auf unsere Kosten. Es geht nicht um Selbstaufopferung oder darum, ein Märtyrer zu sein. Wir erkennen vielmehr, dass unser gewöhnliches Selbst eine Täuschung ist, ein Gebilde ohne Substanz. Dadurch können wir zulassen, dass es sich in den Ozean des Gewahrseins auflöst, ohne Verlust, eigentlich sogar mit dem wahren Gewinn, zu erkennen, wie die Dinge wirklich sind. Die Weisheit, dies zu erkennen, dies zu sein, ist von Mitgefühl untrennbar.

VERSCHIEDENES

Als kleines Kind war ich in Gegenwart anderer Menschen immer ängstlich. Ich hasste Partys, weil es damals in Schottland üblich war, dass Kinder ein 'Partystück' einübten und vorführten, etwa ein Lied oder einen Witz oder ein Gedicht. Diese Aufführungen machten mich sehr verlegen. Ich wollte nicht sichtbar sein, denn ich fühlte mich dann auf eine unangenehme Weise isoliert. Ich erinnere mich an eine Party in der Wohnung eines Klassenkameraden, als ich etwa sieben war. Es muss um Weihnachten herum gewesen sein, da sie einen Tannenbaum hatten und jedem Kind, das sein Lied oder ähnliches vorgeführt hatte, ein Geschenk vom Baum gaben. Ich fühlte mich aber zu schüchtern, um irgendetwas zu tun. Am Ende holte mich meine Mutter ab, und als wir die Straße entlang gingen, begann ich zu weinen, weil ich mein kleines Geschenk nicht bekommen hatte. Meine Mutter sagte: "*Oh, wir können zurückgehen und dein Geschenk holen.*" Also gingen wir zurück zum Haus des Jungen, und obwohl ich nicht die erforderlichen Voraussetzungen erfüllt hatte, um mein Geschenk zu erhalten, bekam ich das Geschenk dank der segnenden Kraft meiner Mutter, und ich war sehr glücklich. Die Mutter des Jungen, der die Party ausgerichtet hatte, sagte: "*Natürlich kannst du es haben, James.*" Jetzt ist es das gleiche. Seit Anbeginn ist unser Buddha-Potential unser Geschenk. Wir können es jederzeit haben. Wenn wir aber schüchtern sind und es uns an den Qualitäten mangelt, um von selbst zu erwachen, wird Padmasambhava unsere Hand nehmen und sicherstellen, dass wir unser Geschenk bekommen. Wir müssen nicht alles alleine schaffen.

Der Beginn der Meditation, unsere Empfindung des blauen Himmels, bietet einen Neuanfang für alles. Der Mittelteil bietet eine weitere Auflösung des Alten, des Festen, des scheinbar Beständigen. Das Ende der Meditation ist Wiedergeburt in den ungeborenen Fluss des Werdens. Diese Praxis hört nie auf.

Wir müssen unser äußeres Verhalten nicht grundlegend ändern, denn wie Patrul Rinpoche klarmacht, muss nicht die Art, wie Phänomene erscheinen, verändert werden, sondern die Art, wie sie sich auflösen. Das heißt, dass unser Leben mit unserer Praxis wie gewohnt weitergeht: aufstehen, waschen, einkaufen, kochen; aber der besondere Raum, aus dem heraus wir diese Tätigkeiten ausüben, ist anders. Alle Erscheinungen, inklusive dem Empfinden von Selbst und Anderen, entstehen als die Manifestation der Offenheit unseres Geistes selbst. Die Praxis wird *dzogpa chenpo* genannt, 'große Vollständigkeit': Indem wir die innewohnende Reinheit oder Vollkommenheit aller Phänomene erkennen, werden wir von unserem gewohnten Impuls, Ereignisse zu kontrollieren und zu verbessern, befreit.

Entspanne, wir sind hier, einfach im Moment geteilter Offenbarung oder gleichzeitigen Entstehens mit anderen. In dieser unendlichen Nicht-Dualität sind wir spontane Empfänglichkeit als Teil des präzisen Moments.

Wenn wir im Kontakt mit anderen ihre Verwirrung und Begrenzungen als Treibstoff für unsere Weisheit nutzen können, dann werden wir in der Lage sein, ihren Beitrag zu erkennen und Dankbarkeit zu empfinden. Dies ermöglicht uns, ihnen gegenüber großzügiger zu werden. Dadurch können sie den Raum erleben, in dem sie ihre Identifizierung mit begrenzten Formen von Identität lockern können. Das ist die Theorie. In der Praxis ist es natürlich etwas schwieriger.

Die buddhistische Sichtweise beschreibt, wie wir die offene Weiträumigkeit des Seins, unsere ursprüngliche Präsenz, verlieren, indem wir in falsche Identifikation mit kurzzeitigen Erscheinungen verfallen, als wären diese Erscheinungen wirklich wir selbst.

Offenheit enthüllt den unbefestigten Moment, den Raum kurz bevor wir sprechen, uns bewegen, denken oder handeln. Werden wir entstehen und diesen Moment auf der Grundlage dessen füllen, was wir uns wünschen, so dass wir uns gegenüber der Offenheit verschließen, da wir schon im Voraus wissen, wie der nächste Moment sein wird? Oder werden wir uns entspannen und öffnen und hier sein mit dem, was auch immer geschieht? Wenn wir uns öffnen anstatt zu kontrollieren, erkennen wir, dass dieser grundlegende Raum und das, was aus ihm entsteht, nicht zwei verschiedene 'Dinge' sind. Ihre Nicht-Dualität enthüllt die durchdringende Unzerstörbarkeit des Raumes. Raum ist voll, wird aber nicht verdrängt, denn er ist mit seiner eigenen Ausstrahlung gefüllt. Raum und seine Ausstrahlung sind weder dasselbe, noch sind sie verschieden - sie sind nicht-dual. Über die Welt und uns selbst zu staunen, hält das Leben frisch und verbunden.

Tantrische Praxis hilft, unser Empfinden der Welt zu erweichen. Dieser kleine Holztisch vor mir ist aus hartem Holz gefertigt und scheint eine feste Entität zu sein und getrennt - an und für sich - zu bestehen. Der Tisch und ich scheinen eindeutig zwei getrennte Einheiten zu sein. Die Wirklichkeit des Tisches ist durch ihn selbst gegeben und es scheint, als wäre die getrennte Wirklichkeit meiner selbst innewohnend in mir; und dennoch kenne ich den Tisch und mich selbst durch und als meine Erfahrung von ihnen. Beide sind Erfahrungen für und in meinem Geist. Ihre Beschaffenheit ist nicht selbst-existent, sondern hängt von meiner Interpretation meiner Erfahrung ab, und sowohl Interpretation als auch interpretierte Erfahrung sind lediglich vorübergehende Spiegelungen im Spiegel des Gewahrseins. Der Beschreiber und der Interpret und der Richter sind allesamt Ego-Funktionen und fühlen sich nach '*mir*' an - aber sie sind nicht der Erlebende selbst, der reines, offenes, nacktes Gewahrsein ist. Anstatt uns immer auf die Beschreibung von '*Dingen*' und '*Qualitäten*' zu konzentrieren, richtet uns die Meditation dahingehend aus, herauszufinden, wer der eigentliche Erfahrende der Erfahrung ist. Dies ist die eine Nachforschung, die alles befreit.

Aus der Sicht des Buddhismus ist das Herzstück der Weisheit Offenheit oder Leerheit. Indem wir im Zusammensein mit Anderen unsere eigenen gedanklichen Abläufe beobachten, erkennen wir, wie wir unsere Wahrnehmung von anderen Menschen und von uns selbst aus unseren eigenen vergangenen Erfahrungen, unserem Wissen und unseren Phantasieprojektionen konstruieren. Diese gesamte trügerische, magische Konstruktion, die so echt erscheint, entsteht in Wirklichkeit im Raum des offenen, leeren Geistes.

In der Meditation können wir beginnen, in dem Moment präsent zu sein, in dem ein Gedanke auftaucht. Wir erkennen, wie wir während seines Entstehens sofort im Gedanken gefangen werden und ein Gefühl oder Wissen wie 'Ich bin wütend' oder 'Ich bin müde' oder 'Ich muss noch meine Mutter anrufen' entwickeln. Ich sitze in der Meditation und der Gedanke "*Verdammt! Ich habe vergessen, meine Mutter anzurufen!*" taucht auf. Wenn meine Meditation nicht sonderlich ausdauernd ist, meine Mutter aber schon, springe ich auf und greife nach dem Telefon. Wäre meine Meditation etwas stabiler, könnte ich den Gedanken anhalten und seinem Inhalt lediglich eine Spur Aufmerksamkeit geben, die Form des Gedanken aber vorbeiziehen lassen in dem Wissen, dass ich kurz danach natürlich an meine Mutter denken werde. Wie ist also die Beziehung zwischen mir, dem Gedanken und meiner Mutter? Der Gedanke ist das Fahrzeug für Anhaftung, der Klebstoff, der diese beiden scheinbar getrennten Wesenheiten verbindet, mich und meine Mutter. Der Gedanke verschwindet aber dennoch. Er verschwindet ohne eine Spur, und die Vorstellung von meiner Mutter und mir verschwindet im selben Moment ebenfalls. Dieses Verschwinden geschieht mühelos. Wenn die Flüchtigkeit und Leerheit des 'Subjekts' deutlich wird, enthüllt sich unser himmelsgleicher Geist selbst.

In der Meditation entwickeln wir eine Haltung der Offenheit und Sanftheit gegenüber unseren Gedanken und eine ähnliche Fähigkeit, die Zartheit der Welt anzunehmen. Es ist die Sanftheit der Welt, die uns trägt. Wenn wir alles alleine bewältigen müssen, als arbeiteten wir gegen die Welt, werden wir ausgelaugt. Unsere wahre Stärke entsteht aber durch die Fähigkeit, mit der Welt zusammen zu wirken, während sie sich um uns und in uns dreht. Wir sind 'ver-weltet', wir sind Teil der Welt, und das ist unsere Stärke. Unsere Gedanken kommen nicht als persönlich hergestellte Gedanken, sondern als die Gedanken der Welt, die uns durchlaufen. Indem wir in Nicht-Dualität gegenwärtig sind, ist sämtliche Stärke und jeglicher Reichtum, den wir brauchen, frei zugänglich.

Wenn eine existenzielle Angst aufkommt, sollten wir uns ihr zuwenden anstatt wegzuschauen, uns für sie öffnen und zulassen, dass sie sich als das zeigt, was sie eigentlich ist. Wenn Ängste und Befürchtungen auftauchen, werden sie so schnell in Vorstellungen, Deutungen und Annahmen eingewickelt, dass es schwierig ist, die nackte Einfachheit dessen zu erkennen, was erscheint. Wenn wir der eingepackten Erfahrung begegnen, kann sie beängstigend erscheinen, und wenn wir ihr ins Gesicht sehen, wechseln wir häufig in einen Helden-Modus. Dann stehen wir unserem Feind gegenüber und begegnen ihm als unser Ego-Selbst. Dadurch eignen wir uns auf schmerzhafte Art und Weise Eigenschaften wie Geduld und Mut an. Das ist nützlich. Aus der Sicht des Dzogchen ist unsere Absicht jedoch nicht, heldenhaft zu sein, sondern offen wie der Himmel. Der Himmel lässt alles durch sich hindurch ziehen - Flugzeuge, Stürme, Regenbögen - sie sind da und dann sind sie weg, und der Himmel selbst ist unberührt. Der unzerstörbare Vajra-Geist ist wie der leere, weite Himmel - er nimmt alles ohne Widerstand, Vorbehalt oder Vorurteil an.

Wenn wir grundlegendes Shine oder Shamatha praktizieren, richten wir uns ausschließlich auf unseren Atem aus. Wir spannen das Pferd unserer Absicht vor den Pflug unserer Aufmerksamkeit und richten ihn auf die doppelte Furche an unseren Nasenlöchern aus. Dann halten wir den Pflug einfach stetig und unbeirrbar fest. Wie viele der hier Anwesenden haben es geschafft, fünfzehn Minuten lang in gerader Linie zu pflügen?

Wenn wir unser gewohntes Empfinden von Dualität beibehalten, wird alles, was in der Welt und für uns geschieht, die substantielle Wirklichkeit der Phänomene bestätigen. Dies ist, glücklicherweise oder unglücklicherweise, ein Trugbild, das durch Unwissenheit entsteht. Wenn wir erfolgreich sind, wenn wir erfolglos sind, wenn wir fröhlich sind, wenn wir traurig sind - jede Erfahrung, jede Handlung wird als Beweis dafür angesehen, dass Subjekt und Objekt wirklich und getrennt sind. Deshalb heißt es in den Schriften, dass Samsara endlos ist. Wir selbst halten den Fluss der Fehlinformation, Fehlinterpretation und Verwirrung in Gang. Wenn wir nicht erkennen, was wir da tun, wird dieser Un-Sinn immer weiter gehen. Schauen wir aber genau hin und sehen, dass wir unsere Annahmen für Tatsachen halten, dann können wir beginnen, die scheinbare Wahrheit unserer Vorstellungen infrage zu stellen. Indem wir sehen, dass es Gebilde sind, können wir erkennen, dass alle Erscheinungen essenzlose Illusionen sind. Das ist am hilfreichsten.

Tiefes und weites Erwachen entsteht jedoch, wenn wir erkennen, dass wir selbst, das Subjekt, der Denkende, der Wissende, der Handelnde, tatsächlich ebenfalls nur ein Erfahrungsmuster in unserem eigenen Geist sind. Mein 'Selbst', meine 'Identität' ist eine Abfolge von Mustern flüchtiger Energie, welche das Spiel des Geistes ist. Was also ist mein Geist? Wo ist er? Wie ist er? Das ist die große Tür, die immer geöffnete Tür, die Tür zur Freiheit, die schon immer da war. Sie direkt zu finden und ohne Zögern oder Vorbehalte durch sie hindurch zu gehen, sich nicht umzudrehen oder nach etwas anderem Ausschau zu halten - das ist der Ursprung von Dzogchen in unserer Welt. Dies ist das Geschenk von Garab Dorjes drei Aussagen: Sei offen, zweifle nicht, bleibe offen.

Beten ist eine Methode, welche die Strukturen dualistischer Trennung nutzt, um die Energie der Sehnsucht zu verstärken, so dass unser gewohntes Selbst und die göttliche Form beginnen können zu schwingen, zusammenzukommen und dadurch unsere eigene Leerheit offenbaren. Nachdem wir mit viel Hingabe gebetet haben und das Licht der vier Initiationen erhalten haben, kommt Padmasambhava zu unserem Scheitel und erzeugt ein warmes Gefühl in unserem Herzen. Dann verdichtet er sich zu einem Lichtball und sinkt hinab in dein Herz. Du bist dir dieser strahlenden Präsenz bewusst, die in dich eintritt, sehr tief ins Innere. Alles, was du dir immer gewünscht hast, alles, wonach du dich in einer anderen Person, in einem anderen Objekt, immer gesehnt hast, ist nun als diese strahlende Präsenz in deinem Herzen gegenwärtig. Du öffnest dich vollständig dafür und löst dich darin auf. Dann schrumpft dieser nicht-duale einzige Lichtball zu einem Punkt und löst sich auf. Es gibt nur Offenheit, Leerheit. Wenn du in dieser Weiträumigkeit ruhst, entstehen allmählich Erscheinungen. Erscheinungen entstehen aus dem Raum, als die Darstellung des Raumes, und sie sind nicht wesentlich verschieden vom Raum. Auf diese Weise ist alles, was erscheint, Padmasambhava.

Wirkliche Heilung ist, zu den integrierten drei Aspekten des Geistes - Offenheit, Klarheit und Empfindlichkeit - zu erwachen. Heilung geschieht durch die Durchtrennung der grundlegenden Unwissenheit, welche die Wurzel der fünf Geistesgifte, der Anhaftung und aller anderen Leiden ist.

Wenn wir genügend Faktoren um uns herum haben, die uns stützen, scheinen wir okay zu sein. Dennoch ist es wie der Taschenspielertrick eines Zauberers. Wir geben uns leicht und mühelos dem Glauben hin, geerdet zu sein, während wir tatsächlich impulsiv und reaktiv und wirklich instabil sind. Wir sind nicht instabil, weil wir schlecht sind, sondern weil alle Phänomene vergänglich sind.

Unser Selbstbild trägt häufig das Empfinden, ein festes 'Ding', eine wirkliche Essenz zu sein. Beobachten wir jedoch, wie wir wirklich sind, erkennen wir, dass wir nicht festgelegt oder genau bestimmbar sind. Unser 'Selbst' ist ein fortlaufendes 'Selbst-Werden', eine dynamische, interaktive Offenlegung des Potentials unseres Seins, welches offen, leer und immer zugänglich ist. Selbstbezogenes Selbst-Werden ist wie Geschichten zu überarbeiten, eine Art, die Erfahrungsmomente zu einer scheinbar schlüssigen Geschichte zu ordnen, welche die Stetigkeit und Wahrhaftigkeit unseres 'Selbst' untermauert. Unser 'Selbst' ist aber nicht selbst-bestehend, sondern wird in jedem Moment aus unseren Gedanken geformt, die unser 'Selbst' selbst-reflexiv als etwas bereits Vorhandenes bekräftigen. Wir alle sind gefangen in dieser Geschäftigkeit der Selbst-Konstruktion und der damit verbundenen Routine, die Tatsache der Konstruktion zu vernachlässigen und vorzugeben, wir würden 'als solches' fortbestehen. Das aufgewendete hohe Maß an Bearbeitung lenkt unser Augenmerk gänzlich von unserem offenen Seinsgrund ab. Gesellschaftliche Höflichkeit bedeutet, dass wir Ungereimtheiten in den Geschichten anderer Leute tolerieren - "Ich werde dir nicht sagen, dass du unzusammenhängend bist, wenn du mir nicht sagst, ich sei unzusammenhängend!" Das Drama des individuellen Mittelpunktes wird dadurch ohne Unterbrechung weiter inszeniert.

Wenn wir genau hinsehen, erkennen wir, wie wir durch die Identifizierung und Verschmelzung mit Gedanken und Gefühlen, die sich dann wie '*ich*' anfühlen, in einen Prozess des Errichtens oder Erschaffens unseres Selbstempfindens eingebundenen werden. Diese Gedanken sind keine Spiegel oder Röntgenstrahlen, die mir zeigen, wer ich tatsächlich bin. Sie sind die Bausteine dessen, was ich tatsächlich bin, wofür ich mich halte. Durch das Verschmelzen mit den Gedanken von '*ich*' und '*mich*' wird mein offenes Potential zu '*mir*'. Mit dieser Klarheit können wir uns dem Erkennen zuwenden, wer dieses '*ich*' ist, wenn ich nicht darüber nachdenke.

Der Buddhismus verweist auf etwas sehr Beunruhigendes und sehr Radikales. Die Schriften erklären, dass wir uns schlafend in einem Traum befinden, in dem wir einen Teil unseres Potentials für das Ganze halten. Dieser Traum ist aus einer Reihe von Ursachen und Ereignissen errichtet. Da wir in der Vergangenheit Ursachen geschaffen haben, wurden wir in diesem menschlichen Bereich geboren und teilen eine bestimmte Art von Karma mit anderen Menschen. Diese scheinbar geteilte Vision unterstützt unseren Glauben, dass die Täuschung real sei, und lenkt uns dadurch von Nachforschungen ab. Nach einer Weile wird die ursächliche Kraft, die unseren Zugang zu diesem Bereich verursacht, erschöpft sein und wir werden uns in einem anderen Bereich wiederfinden, in einem anderen Hologramm, einer anderen Arena von Erfahrungen - und es wird wahrscheinlich nicht so angenehm sein. Wir müssen also aus der Traumwelt Samsaras erwachen.

Es gibt nicht ein einziges, wahres Regelwerk, das dir sagen kann, wie du leben sollst. Wir handeln immer aus dem Bauch heraus. In dieser Situation ist es das Beste, deine Augen, deine Ohren und dein Herz offen zu halten und weiter zu tanzen. Natürlich gibt es viele Handbücher, die uns erklären können, was wir im Allgemeinen tun können, aber unsere Leben werden nicht 'im Allgemeinen' gelebt. Wir befinden uns sehr präzise in Zeit und Raum mit der einzigartigen Besonderheit jedes Moments in unserem Leben. Nur wir selbst sehen mit unseren Augen - dies anzuerkennen entlarvt die Welt des Ego als eine einsame Welt. Wir können versuchen, diese Tatsache durch die Verwendung allgemeingültiger Regeln zu umgehen, aber dennoch ist unser spezielles Dasein einzigartig. Pläne und Handbücher können uns das Gefühl geben, über etwas Bescheid zu wissen, noch bevor wir es erleben. Unsere gelebte Erfahrung ist jedoch die, hier zu sein in dieser frischen Situation und innerhalb der dynamischen Entfaltung reagieren zu müssen. Verlassen wir uns also auf Pläne, die wir bekommen haben, oder sollten wir uns mit der frischen Gegebenheit befassen und als verkörperte Nicht-Dualität teilnehmen? Wählen wir Letzteres, dann gewinnen wir das Vertrauen, dass wir unseren Weg finden, indem wir in die Welt gehen, so wie sie sich zeigt.

Um uns weiterentwickeln zu können, müssen wir einen Weg finden, um in der Spannung zu leben, die immer zwischen unserem Verlangen nach Reizen, Kreativität, Wachstum und neuen Möglichkeiten einerseits und unserem Bedürfnis nach Geborgenheit, Gewissheit und Sicherheit andererseits besteht. Der Schlüssel liegt darin, Situationen oder Möglichkeiten keine Wertigkeit zu verleihen. Alles ist wichtig und gleichzeitig ohne Bedeutung.

Der Fluss meiner Erfahrung erscheint ununterbrochen. Ich kann dem Fluss getrennt vom Gewahrsein begegnen oder als teilnehmendes Feld des Gewahrseins. Gedanken, Gefühle und Empfindungen entstehen aus Leerheit, in Leerheit, als Leerheit. Schmecken statt Greifen offenbart, dass jeder Moment reich und frisch ist. Wenn es nichts zu tun gibt, ruhen wir in Gewahrsein, ungeachtet aufwühlender erscheinender Formen. Dies ist die ursprüngliche Reinheit des Geistes, *kadag*. Wenn die Notwendigkeit besteht, entstehen wir traumartig als Energieformen im Klarheitsfeld. Dies ist nichtduales gleichzeitiges Entstehen, Mitgefühl ohne Verdinglichung, die unmittelbare Präsenz des Potentials des Gewahrseins, *lhundrup*. Unveränderliche Reinheit und unmittelbares Gewahrsein sind untrennbar.

Die Dzogchen Sicht verweist darauf, dass Anhaftung durch dualistische Ausrichtung entsteht, durch die Bildung gegensätzlicher Kategorien, Pole, die sowohl wahrhaft bestehend als auch grundlegend verschieden zu sein scheinen. Das grundlegendste dieser Gegensatzpaare ist das von Selbst und Anderen, der Glaube, der das Gefühl erzeugt, ich würde von anderen und der Umgebung getrennt existieren. Sobald dieser Glaube gefestigt wurde, werden das Hoffen auf Gewinn und die Angst vor Verlust die Organisationsprinzipien für unser Handeln gegenüber allem, was als anders erachtet wird.

Anstatt dass der Geist ein Besitztum des Selbst ist, ist das Selbst ein Konstrukt des Geistes. Wenn wir dies nicht erkennen, wird die Offenheit oder Potentialität des Geistes vernachlässigt, indem wir Erscheinungen verdinglichen und aus dem Zusammenhang reißen und nach den Manifestationen der Kreativität des Geistes, inklusive unseres 'Selbst', greifen.

Das Herzstück der Meditationspraxis ist die subtile Tätigkeit des Ausbalancierens unserer gewohnheitsmäßigen Bevorzugung der Ich-Wahrnehmung. Diese Neigung gibt unserem Empfinden von Individualität ein Gefühl von Wichtigkeit und zentraler Stellung, die es eigentlich nicht hat. Paradoxerweise kann unsere wahre Mitte nicht gefunden werden, da sie unser ungeborenes, weiträumiges Gewahrsein ist, das überall gegenwärtig und dennoch für immer ungreifbar ist.

Wenn wir meditieren, indem wir uns für alle Erscheinungen öffnen, ist es anfangs ein wenig wie Speed Dating. Beim Speed Dating begegnen sich viele Fremde auf ihrer Suche nach Liebe. Sie haben fünf Minuten Zeit für ein Gespräch zu zweit, um sich kennenzulernen und sich vorzustellen. Dann geht es weiter zur nächsten Person. Werde ich meine eine, wahre Liebe finden? In der Meditation wollen wir herausfinden, wer wir wirklich sind. Deshalb befragen wir alle Kandidaten, die sich präsentieren. Ein Gedanke nach dem anderen erscheint vor uns, macht uns neugierig, lockt uns, fasziniert uns und betört uns. *'Lieb mich!'* sagt er, *'Lass uns zusammen sein! Ich bin alles, wonach du immer gesucht hast.'* Und dann ist er verschwunden und der nächste erscheint und sagt den gleichen altbekannten Text. Große Klappe und nichts dahinter. Süße Worte und dann 'Auf Wiedersehen.' Wenn wir ewige Liebe wollen, dann müssen wir uns für den Geist selbst entscheiden und nicht diesen charmanten, aber ach so verlogenen Versuchungen nachjagen.

Kleider zeigen sich, wenn man sie anzieht. Wenn ein Kleid im Schrank hängt, weiß man nicht wirklich, wie es aussieht. Man muss es herausnehmen, es hochhalten, und selbst dann weiß man noch nicht, ob es gerade das Richtige ist. Um das herauszufinden, müssen wir es anziehen. Erst wenn wir es tragen, zeigt sich uns das Kleidungsstück, zusammen mit unserer momentanen Stimmung im Verhältnis zu ihm. Ebenso werden die Natur und die Beschaffenheit von Subjekt und Objekt nicht durch abstrakte Gedanken aufgezeigt. Wenn wir uns für unser Erleben des Hier und Jetzt in jedem Moment öffnen, dann stellen wir fest, dass 'Selbst' und 'Andere' über die Erscheinungen drapiert werden. Jetzt können wir sehen, ob sie passen und ob sie benötigt werden. Wir neigen dazu, zu viele Kleider zu tragen, wir alle sind durch Gewohnheiten, Erinnerungen und alten Kram, der schon viel zu lange in unserem Schrank hängt, verhüllt. Indem wir in der Frische unseres Geistes, so wie er sich zeigt, gegenwärtig sind, gewinnen wir das Vertrauen, nackt und ungeschminkt zu sein. Das ist Kuntuzangpo, unser nacktes Sein, der Ausdruck des Dharmadhatu. Dieser Dharmakaya trägt nur zum Nutzen Anderer Kleidung - neue Outfits entstehen mühelos nach Bedarf. Selbst und Andere, Gut und Schlecht - diese Schnitte sind ziemlich aus der Mode gekommen im Buddhaland.

Die taumelnde Erfahrung davon, wir selbst zu sein, entsteht in Beziehung zur Umgebung. Je mehr wir uns auf frische Weise für die sich darbietende Umgebung öffnen, desto instabiler werden wir. Das ist das Herzstück der Dzogchen Lehren: Wir können unsere Selbst-Identität nicht kontrollieren. Unser Selbst ist Teil der Welt und wird sich immer zusammen mit der Welt verändern. Lass es sich also verändern und finde stattdessen Ruhe, wo schon immer bereits Ruhe ist.

Anstatt das Objekt, das entsteht, zu verändern, egal ob es gut oder schlecht zu sein scheint, lösen wir einfach die Bindung von Identifikation und Anhaftung. Diese Bindung wird durch uns erzeugt, nicht durch die Qualitäten des Objekts. Der süße Geschmack von Freiheit gehört bereits uns, wenn wir es nur wollen.

In diesem entscheidenden Moment, in dem wir unsere wahre Präsenz erkennen, gibt es nichts zu erkennen. Sie ist kein Objekt und keine Erkenntnis. Wir bekommen nichts, wir finden nichts und wir erkennen nichts. Unsere Präsenz ist nicht etwas, das wir verlieren oder erhalten können. Sie ist kein zu entdeckendes Objekt, noch ist sie eine Qualität des Subjekts, die entwickelt werden könnte. Wenn wir die ängstliche Haltung aufgeben, welche die dualistische Wahrnehmung antreibt, befinden wir uns in ungeborenem Gewahrsein. Wir lösen uns nicht in Nichts auf, wir verschwinden nicht vollständig. Vielmehr befinden wir, das Spiegelbild, uns im und als Zustand des Spiegels, wenn wir die Vorstellung, eine Substanz zu sein, aufgeben. Die Falschheit der Selbst-Konstruktion löst sich auf wie morgendlicher Nebel, und durch die Klarheit der Nicht-Dualität können wir uns selbst sehen, wenn es nichts zu sehen gibt und niemanden, der sieht.

Das Problem des Subjekts kann nicht durch das Objekt gelöst werden. Unsere Verwirrung, unsere gefühlten Schwierigkeiten, unsere Unsicherheiten über uns selbst und den Sinn des Lebens werden nicht dadurch gelöst, dass wir das perfekte Objekt finden und uns verlieben. Das reizende Objekt ermöglicht uns vielleicht einen Urlaub von der Schwierigkeit, wir selbst zu sein, aber nach einer Weile stellen wir fest, dass die Schwierigkeit noch immer da ist. Deshalb müssen wir lernen, mit uns selbst Zeit zu verbringen, mit unseren Gedanken und Gefühlen, und entdecken, wie sie uns den Weg zu unserem eigenen wahren Sein zeigen.

Wir leben in der Welt, als Teil der Welt, und die Welt offenbart sich durch unsere Teilnahme. Wir werden uns selbst und anderen durch unsere Teilnahme gezeigt. Wir haben zwei Möglichkeiten: Teilnahme als getrenntes Individuum oder Teilnahme als nicht-dualer Teil des sich entfaltenden Feldes.

Meditation kann allmählich den Inhalt unseres Geistes verändern, aber vor allem wird sie unsere Beziehung zum Inhalt unseres Geistes verändern. Meditation kann sehr langweilig sein, und das kann uns dabei helfen, immer weniger durch die Erlebnisinhalte fasziniert und von ihnen abhängig zu sein. Wenn unsere Gedanken und Gefühle als das gesehen werden, was sie sind, wird unser nachlassendes Interesse ermöglichen, Gewahrsein frei von Inhalt zu schmecken. Das bedeutet nicht, dass es keinen Inhalt gibt. Der Inhalt ist immer noch da, wie zuvor, doch unser simples Gewahrsein bleibt davon unberührt.

Die Klarheit, die durch Gedanken entsteht, wird durch die Verbindung eines Gedankens mit einem anderen erzeugt. Die Klarheit, die durch Entspannung, Offenheit und Leerheit entsteht, ist jedoch schon vor den Gedanken vorhanden. Gedanken erscheinen als schimmernder Rand dieses Gewahrseins, wie wenn man im Mondschein auf das Meer blickt und die Ränder der sich brechenden Wellen silberfarben glänzen. Unsere Gedanken sind wie kleine Tropfen aus Nebel oder wunderbarer Energie, die aus dem offenen Dharmakaya-Meer entstehen. Sie sind die unaufhörliche Darstellung des leuchtenden Potentials unseres eigenen Geistes.

Unserem Buddha-Potential können wir vertrauen. Das Problem ist, dass wir den Bezug zu ihm verloren haben. Etwas muss verändert werden, so dass wir uns mit unserem wahren Sein verbinden können. Um den Gang von Samsara nach Nirvana umzulegen, brauchen wir die Kupplung der Leerheit. Im Moment sind wir im Gang unserer karmischen Identität unterwegs, fahren mit dieser Geschwindigkeit weiter, nehmen wahr, was wir bei dieser Geschwindigkeit wahrnehmen können. Wenn wir jedoch die Leerheit nutzen, ändern wir den Gang und reisen nun im Mandala-Modus, und alles, was erscheint, ist Padmasambhava.

Der wesentliche Punkt ist sehr einfach. Nimm das Leben nicht zu ernst. Wenn du zurückblickst, stellst du fest, dass du in der Vergangenheit viele Schwierigkeiten hattest, die mittlerweile verschwunden sind. Jetzt kämpfst du mit den Problemen von heute, und wenn du das Glück hast, noch etwas länger zu leben, werden diese Probleme in der Zukunft von neuen Problemen abgelöst. Nimm deine aktuellen Probleme also nicht allzu ernst; sie sind nicht die Endstation.

Der Geist der Gottheit ist Leerheit, das offene, unbegrenzte, reine Gewahrsein, das der Urgrund von allem ist. Alles entsteht innerhalb dieses Geistes. Dieser Geist ist nicht etwas, das sich auf Objekte zubewegt, als wären sie außerhalb von ihm, sondern er ist das Füllhorn, der Schoß der Existenz, innerhalb dessen Subjekt und Objekt ihr ewiges Spiel treiben.

Lerne, den Körper zu entspannen und die Muskeln und die Steifheit der Selbstdarstellung zu lockern. Lerne, Worte frei fließen zu lassen, ohne sie auszuwählen oder zu blockieren, und in zwischenmenschlicher Empfänglichkeit präsent zu bleiben. Lerne, der ungeborenen Offenheit deines Geistes zu vertrauen und Identifizierung mit Gedanken, Gefühlen, Erinnerungen und anderen Erscheinungen loszulassen.

Übe, deine Anhaftungen loszulassen, dich für die Verbindung mit anderen zu öffnen und dich in der innewohnenden Weiträumigkeit deines Seins niederzulassen.

Wenn wir direkt in Verbindung mit unserer Erfahrung stehen, erkennen wir die Unendlichkeit der Enthüllung der integrierten Bewegung von Subjekt und Objekt. Das bedeutet, die Grundqualität unserer lebendigen Intelligenz, unser Gewahrsein, ist nicht greifbar. Es hat keinen persönlichen oder privaten Inhalt, der immer vorhanden ist, sondern ist vielmehr ein Potential, in dem unendlich viele Formen enthüllt werden können.

Ist Nichts besser als Etwas? Das ist die Schlüsselfrage. Das müssen wir für uns selbst klären. Verschwendet der Yogi in der Höhle sein Leben? Inmitten von '*Nichts*' ist alles; inmitten von '*Etwas*' ist Enttäuschung.

Anstatt unsere gewöhnlichen Leben als etwas Stabiles, Sicheres und Zuverlässiges zu betrachten, erleben wir unseren Geist durch die Praxis der Meditation als Fluss nicht greifbarer Erfahrung in offener, leerer, spiegelgleicher Weiträumigkeit. Diese Veränderung kann sich ziemlich beunruhigend anfühlen. Was ist mit der Sicherheit, die wir durch Objektkonstanz und Wiederholungszwänge herleiten? Wenn ich die scheinbare Verlässlichkeit der Formen und Muster, an die ich mich klammere, aufgebe, dann werden meine Überzeugungen nachlassen, meine automatischen Antworten werden sich verlangsamen und ich werde nicht wissen, wie ich handeln oder ich selbst sein kann. Wie kann das eine Verbesserung sein? Nun, die Selbstgefälligkeit, mit der wir handeln, ist nur dann wirkungsvoll, wenn die Umgebung sie unterstützt. Alle Muster sind von Veränderungen betroffen. Unser Ego, unsere Persönlichkeit, unser Selbstempfinden - all das sind essenzlose Muster, die den sich verändernden Umständen ausgesetzt sind. Wenn wir das erkennen, suchen wir vielleicht nach etwas wirklich Verlässlichem. Die überraschende und seltsame Tatsache ist, dass der zuverlässigste Aspekt des Daseins die Leerheit ist. Das Fehlen von Eigensubstanz in Erscheinungen ist die Grundlage für Befreiung von der täuschenden Vorstellung stabiler, beständiger Dinge.

In und durch unsere eigene grundlegende Offenheit, frei von inhärentem Inhalt, enthüllt sich jedwede Bewegung, Geste, Erfahrung in jedem Augenblick als die Genauigkeit von vorübergehendem 'dies' oder vorübergehendem 'das'. Auf diese Weise ist unsere Teilnahme an der Welt Teil des Flusses der auftauchenden Energie. Das ist unsere Lebendigkeit, denn wir laufen nicht mehr auf Autopilot. Wir betrachten Dinge nicht als selbstverständlich. Wir werden durch die Frische unserer Begegnung mit der lebendigen Welt berührt und bewegt. Subjekt und Objekt tanzen pausenlos und erzeugen unendlich viele Muster, während unser Geist selbst, unser wahres Gewahrsein, ruhig, klar und gelassen ist.

Ohne selbst eine eigene Form zu haben, enthüllt unser Gewahrsein gewisse strukturierte Momente, so dass es scheint, als wäre unser Gewahrsein (das für eine beständige persönliche Identität gehalten wird) in Wirklichkeit der derzeitige Inhalt unseres Geistes. In diesem Moment scheinen wir (unser ungeborenes Gewahrsein) unsere Eifersucht, unser Stolz, unsere Faulheit, unser Fleiß zu sein. Es gibt keine substantielle Grundlage für diese scheinbare Vermischung, Identifizierung, Anhaftung. Eine Spiegelung scheint sich im Spiegel zu befinden, und auf gewisse Weise ist sie es auch, obwohl sie weder in den Spiegel hineingegeben noch aus ihm herausgenommen werden kann. Ebenso sind Gedanken in unserem Geist und scheinen unser Geist zu sein, doch sie sind weder dasselbe wie unser Geist noch von ihm verschieden. Deshalb ist es wichtig, auf einen vorübergehenden Geistesinhalt nicht so zu reagieren, als wäre er Selbst oder Nicht-Selbst. Einmischung ist die Tätigkeit des dualistischen Bewusstseins. Sie bringt keinen wirklichen Nutzen und verwirrt uns bezüglich der wahren Beschaffenheit unseres Geistes. Ruhe daher in der wirklichen

Integration von Gewahrsein und ihrem Selbst-Ausdruck, denn durch das Vergessen des offenen Urgrundes scheint die Energie des Geistes substantiell zu sein, was alle Erscheinungen von Samsara erschafft.

Die Eigenschaft des Gewahrseins ist es, zu offenbaren, was hier ist, und das ist die Energie des Gewahrseins. Wenn wir nicht als Gewahrsein präsent sind, wird unser Gewahrsein einfach die erscheinenden Qualitäten der vergänglichen Gebilde von dualisiertem Subjekt (mit dem wir uns identifizieren) und Objekt (das uns gefällt oder nicht) zeigen. Der Aspekt der Energie, der unser Ich-Bewusstsein darstellt, wird nach allem greifen, was ihm begegnet, ohne zu erkennen, dass diese ʻObjekteʼ ebenfalls Aspekte der Energie unseres Geistes sind. Wenn wir z.B. in der Meditation denken "*Oh nein, ich bin zu müde, ich kann das nicht machen!*", geschieht das, weil gefühlt nur Müdigkeit vorhanden ist. Erhellendes Gewahrsein, die Quelle, wird nicht wahrgenommen, und so zeigt sich Klarheit als ʻ*Ich*ʼ, das sich in der Verschmelzung mit allen Erscheinungen verliert.

Wenn wir uns überwältigt fühlen, scheint das Objekt oder die Situation groß zu sein und wir, das Subjekt, klein. Wir, das Subjekt, fühlen uns verletzlich und instabil und das Objekt/die Situation scheint mächtig und unvermeidbar zu sein. Wir sind uns sicher, dass wir vernichtet werden, dass wir nicht überleben werden. Der einzig wirkliche Ausweg aus dieser Täuschung liegt in der Meditation. Wir müssen der Tatsache der Leerheit vertrauen und unsere Verfestigung und unsere Angst loslassen. Bleibe angesichts jeglicher Erscheinungen entspannt, und sie werden sich vor dir auflösen. Die Macht des Objekts ist die Macht unseres Geistes - warum verleihen wir sie dem Objekt?

W enn du Dharma-Belehrungen hörst, dann versuche, die Worte als Wassertropfen zu empfinden, die sanft auf deinen Kopf fallen und all deine Zweifel und Verwirrungen abwaschen. Insbesondere, wenn Sätze gebildet werden, kann man erkennen, wie die verschiedenen grammatikalischen Teile zusammen wirken. Diese Wechselwirkungen, diese Zusammenhänge oder dieses abhängige Entstehen, sind in der Sprache sehr augenscheinlich; jedes Satzglied spielt seine Rolle bei der Erschaffung des Satzes. Wenn wir das beobachten, können wir unmittelbar die energetische Qualität der Worte fühlen, die verschiedene Stellen in unserem Körper beeinflusst. Die Tatsache, dass Sprache selbst - etwas so Flüchtiges und so Verflochtenes - die Vorstellung von wirklichen Dingen zu bekräftigen scheint, ist wirklich ziemlich erstaunlich.

W enn es im Dzogchen heißt *"Alle Dinge sind von Anbeginn rein"* und wir sagen *"Nein, ich habe einige wirklich schlechte Gedanken, ich bin wirklich schrecklich. Ich will nicht, dass jemand das von mir weiß"*, dann bedeutet das, dass wir uns selbst von unserer eigenen intrinsischen Reinheit ausschließen. Die Tatsache, dass andere Menschen unsere Meinung bezüglich unserer schrecklichen Eigenschaften mit uns teilen, bietet uns die Möglichkeit, unsere Begrenzungen durch ihre Begrenzungen zu bestätigen. Weltliche Meinung bestätigt die Wirklichkeit der Grenzen, während Meditation die illusorische Beschaffenheit der Grenzen offenbart.

In unserer Praxis öffnen wir uns für die Tatsache, dass alles rein ist, dennoch müssen wir in unserem Umgang mit anderen in der Welt vorsichtig sein. Dzogchen bedeutet nicht, naiv zu sein. Obwohl alle Erfahrungsmuster in Wirklichkeit leere Täuschungen sind, können und werden Muster aufeinander prallen, und das hat schmerzhafte Auswirkungen. Bis wir also erkennen können, dass auch Schmerz eine Täuschung ist, sollten wir am besten vorsichtig sein.

An Halloween verkleiden sich Kinder als Geister und Teufel und klopfen an die Türen anderer Leute. Sie tragen Masken oder malen ihre Gesichter an und sagen: 'Buh!' Sie wollen furchterregend aussehen, sind in Wirklichkeit aber nur süße, kleine Kinder. Es ist dasselbe bei Gedanken, die so schrecklich aussehen und so unerträglich zu sein scheinen. Im Grunde sind sie einfach nur die süßen Kinder der Leerheit; sie sind die Kinder des Dharmakaya. Betrachtet man Gedanken aus dieser Perspektive, sind sie eine leuchtende Ausstrahlung, selbst wenn sie trist oder verstörend erscheinen. Die 'leuchtende Strahlungs-Qualität' ist nicht der semantische oder offenkundige Inhalt, sondern die Klarheit, die der Energie der Darstellung innewohnt, die sich im Feld des Gewahrseins bewegt. Klarheit ist die Verbindung der Manifestation mit ihrem eigenen leeren Grund. Egal, wie die Erfahrung ist, egal was erscheint, bleibe entspannt, offen und unbeteiligt.

Verzweifle nicht, wenn dein Geist sehr dumpf zu sein scheint. Diese Dumpfheit bedeutet nicht, dass du weit von deinem ungeborenen Gewahrsein entfernt bist. Die Tatsache, dass du dich in deiner Lebendigkeit erlebst und dir der Dumpfheit bewusst bist, ist an sich die innewohnende Ausstrahlung des ungeborenen Geistes.

Als ich einmal in Ladakh eine Chöd-Praxis gemacht habe, saß ich vor meinem kleinen Zelt und schrieb etwas auf die Verpackung meiner Räucherstäbchen. Ich schreibe immer viel und mir war das Papier ausgegangen. Ich hatte mein Zelt auf einem kleinen Verbrennungsplatz weit entfernt vom nächsten Dorf aufgeschlagen, doch ein Lama kam durch das steinige Gelände gewandert und schaute mir beim Schreiben zu. Er hob zwei Steine auf, schlug sie gegeneinander und sagte laut: "*Steine sind besser als Worte, sie verursachen nicht so viele Probleme.*" Dann verschwand er wieder. Er war ein hilfreicher Lama. Unsere gewohnte Faszination für bestimmte Ideen, unsere Bemühungen, die Momente einzufrieren oder unsere eigenen Gedanken festzuhalten, die so wichtig zu sein scheinen - dies sind gefährliche blinde Flecken für Meditierende.

Der Buddha sagte, dass Leiden durch Anhaftung entsteht. Anhaftung ist unser Bemühen, an unseren Vorstellungen über etwas festzuhalten, so dass wir glauben, es von der Vergangenheit in die Gegenwart und in die Zukunft bewegen zu können. Natürlich bewegen wir nicht das Objekt selbst, sondern nur unsere Vorstellungen darüber.

Doch durch unsere Anhaftung an die Dualität sind das Objekt an sich und unsere Vorstellungen darüber miteinander verschmolzen. Im Augenblick unserer Anhaftung vergessen wir, dass jegliche Objekte keinerlei Wahrheit und innewohnende Wirklichkeit in sich tragen. Die Jahreszeiten ändern sich, Sprachen ändern sich, Landesgrenzen ändern sich, der Körper verändert sich, Gedanken und Gefühle ändern sich. Leid entsteht, weil wir uns dagegen wehren, die Dinge so anzunehmen, wie sie wirklich sind.

Der Zweck der Meditation ist es, in den unablässigen Fluss der unmittelbaren Erfahrung einzutreten. Es geht nicht darum, Dinge zu kontrollieren, zu verbessern oder loszuwerden, sondern unser Gleichgewicht zu finden und wie ein Surfer auf den Wellen der Erfahrung zu bleiben, die unaufhörlich heranrollen.

Die Energie des Geistes ist unerschöpflich, und wir können nicht einen einzigen Augenblick unserer Erfahrung ergreifen. Was wir ergreifen können, ist eine Vorstellung oder ein Konzept, das für die eigentliche Erfahrung zu stehen scheint. Diese Aspekte zu verwechseln, ist Täuschung. Wir sind wie eine kleine Maus in einem Käfig, die in einem dieser Räder herumrennt. Je mehr die Maus versucht, irgendwohin zu gelangen, desto eher bleibt sie auf der Stelle. Sie kann nirgends hin gelangen. *"Aber wenn ich nichts aus meinem Leben mache, was geschieht dann? Alles wird auseinanderfallen, und was ist dann? Alles hängt von mir ab. Wenn ich mich nicht um mich kümmere, wer wird es dann tun?"* Diese bangen Gedanken lassen uns weiter im Rad umherrennen.

Bleibe in allen Situationen einfach inmitten der Erfahrungen präsent, ohne dein Gleichgewicht zu verlieren. Lasse alle Erscheinungen entstehen, zuversichtlich, dass sie vergehen werden. Auf diese Weise arbeitest du mit den Lehren des Buddha.

Schlafend ist nicht die Gegenwärtigkeit des Geistes, sondern der Inhalt des Geistes. Wenn ein Gedanke im Geist auftaucht und wir ihm glauben, wer ist dann derjenige, der dem Gedanken glaubt? Wenn du dich beobachtest, kannst du erkennen, wie ein Gedanke einem anderen Gedanken glaubt - ein Gedanke folgt einem Gedanken, dem ein weiterer Gedanke folgt. Das ist Samsara. Du bist in Gedanken gefangen und Gedanken fangen dich - unablässig.

Die ganze Kunst des Lebens besteht darin, loszulassen und zu entspannen, sich in die zeitlose Gegenwart hineinzugeben.

Mitgefühl bedeutet, zur Wirklichkeit unserer Verbindung mit anderen zu erwachen. Dies ist immer bereits vorhanden, noch bevor wir uns dessen gewahr sind. Die Qualität des Mitgefühls ist Verbindung.

Wir stehen an einer Kreuzung und leiten gute Dinge zu uns und schlechte Dinge von uns weg. Es gibt jede Menge Verkehr, viele Abgase, und die Bezahlung für Verkehrspolizisten ist nicht besonders gut.

Die einzige Stelle, an der man sich verirren kann, ist in unserer eigenen Energie. Wir verbergen uns selbst vor uns selbst. Die Energie des Geistes ist in all ihrem Darstellungsreichtum so schillernd, dass wir vergessen, dass wir selbst ebenfalls der Urgrund dieser Darstellung sind.

Es gibt eine Stetigkeit in unserem Leben, aber es ist die Stetigkeit der Veränderung. Seit wir Kinder waren hat sich alles in unserem Leben verändert. Unsere Gedanken und Gefühle haben sich so häufig geändert, die Form unseres Körpers hat sich verändert, unsere Tätigkeiten haben sich geändert. Was also ist die Stetigkeit unserer Identität? Es ist eine Art Empfinden von 'Hier bin ich', aber als was bin ich hier? Als 'dies' am Morgen und 'jenes' am Nachmittag. Der Inhalt von 'Was ich bin' und 'Wie ich bin' verändert sich und verändert sich und verändert sich. Die leere Beschaffenheit aller Dinge zu erkennen, ist Weisheit, da uns dies von falschen Zuschreibungen befreit und ermöglicht, dass wir alle Erscheinungen ohne Vermeidung, Verschmelzung, Anhaftung oder Voreingenommenheit erleben. Form als untrennbar von Leerheit zu erfahren, ist Mitgefühl, da wir sehen, dass fühlende Wesen täuschende Formen fälschlicherweise für substantielle Ganzheiten halten und dadurch großes Leid für sich und andere erzeugen.

Wir schauen nicht so auf die Welt wie eine Kamera, die ein Bild macht. Wir schauen durch unsere Werte, unsere Überzeugungen, unsere Vorlieben und Abneigungen auf die Welt. Etwas mag auf einige Menschen sehr anziehend wirken und auf andere gar nicht. Wir sagen nicht einfach "Ich mag diesen Käse", was unsere Meinung zum Käse erkennen ließe, sondern wir sagen "Das ist ein wirklich guter Käse". Dadurch scheint das 'Gute' dem Objekt eigen zu sein. Für jemand anderen ist es aber vielleicht ein sehr 'schlechter' Käse. Unsere 'Wahrheit' ist lediglich eine Meinung, der Blick von hier.

Die Wurzel dessen, wer wir sind, ist Gewahrsein, untrennbar von Leerheit, und diese Leerheit ist die Grundlage des ständigen Flusses unserer Erfahrung. Wenn wir uns in diesem Gewahrsein niederlassen, werden wir erkennen, dass es verlässlicher ist als jeder Freund. Immer, wenn wir nach unserem Geist suchen, wird er da sein, doch werden wir ihn niemals als eine substantielle Einheit finden. Freundschaften bilden und verändern sich. Würden sich deine Freunde nicht verändern, so wäre ihr Leben sehr begrenzt - doch genau diese Veränderungen ändern auch unser Verhältnis zu ihnen. Buddha sagte: "*Freunde werden Feinde und Feinde werden Freunde.*" Wir können durchs Leben gehen und uns selbst Geschichten über die Welt erzählen, um uns sicher in ihr zu fühlen, aber dadurch schlafen wir bloß in der Täuschung ein. Die einzig unveränderliche Zuflucht ist unser eigenes wahres Buddha-Potential.

Entspanne dich in deinen eigenen Grund, die immanente Perfektion deiner Präsenz. Erfahre seine grenzenlose Unendlichkeit und erkenne unmittelbar, dass dies der Urgrund, die Quelle und das Feld jeglicher Erfahrung ist. Das ist dein Heimatgebiet. Hier gehörst du hin. Warum also nicht entspannen und es genießen?

Ein Zweck des buddhistischen Verständnisses und der Praxis ist es, den Kokon unserer Annahmen, in dem wir leben, zu erkennen. Je besser wir die Art des Kokon verstehen und erkennen, dass wir ihn selbst gesponnen haben, desto eher befreien wir uns aus ihm. Dadurch werden wir von einer kleinen Raupe zu einem schönen Schmetterling. Wunderbar!

Ich kann eine andere Person sehen, aber meine eigene Gestalt kann ich nicht klar sehen. Ich kann mich hinunter beugen und das Kinn der anderen Person von unten sehen, aber selbst nach fünfzig Jahren Yoga könnte ich nicht unter mein eigenes Kinn blicken. Das zeigt, dass andere Menschen für uns sichtbarer sind als wir es für uns selbst sind. Ebenso sehen sie uns deutlicher als wir es tun. In der Tat brauchen wir andere Menschen, um uns selbst zu sehen, um zu erkennen, wie wir sind und was wir vorhaben. Die Sangha ist das Feld des Zusammenwirkens, in dem wir alle ständig lernen.

Wir sind kein festes Ding. Wir sind kein einheitliches Selbst. Was wir für uns selbst halten, ist ein Aspekt des Flusses der Erfahrung, der wir begegnen. Tendenzen, Eigenschaften und Erinnerungen bewegen sich gemeinsam und erschaffen so verschiedene Muster, wie Tänzer auf der Bühne. Die verschiedenen Aspekte unserer selbst sind sich bewegende Energien im Hintergrund, wie eine Ballettgruppe, und plötzlich entscheidet einer der Aspekte, die Primaballerina zu sein, und begibt sich in die Mitte der Bühne. Das ist großartig, wenn der Moment reif ist, aber der 'Star' muss in der Lage sein, sich wieder in die Gruppe einzufügen. Wenn ein Aspekt unseres Potentials dauerhaft ein Star wird, geraten wir aus dem Gleichgewicht.

Wenn wir das Beispiel verwenden, dass unsere Welt wie eine Skulptur ist, dann dient jedes der neun Yanas oder Fahrzeuge als ein anderer Betrachtungswinkel der Skulptur. Wenn man aus einem der Blickwinkel schaut, sieht man in diesem Moment des Betrachtens einen bestimmten Aspekt der Skulptur, der die Wahrheit der

Skulptur zu sein scheint. Man kann um die Skulptur herum laufen und von jedem dieser neun verschiedenen Blickwinkel aus schauen, und jede Ansicht ist einfach das, was man aus dieser bestimmten Position sehen kann. Eine Sicht ist nicht besser oder schlechter als eine andere. In der Meditationspraxis sind wir die Skulptur, einfach und komplex zugleich. Es ist hilfreich, nicht bei einer Betrachtungsweise zu verharren. Dennoch sollten wir vermeiden, zu vergleichen und gegenüberzustellen und uns dem gerade eingenommenen Blickwinkel völlig zu verschreiben.

Gedanken sind wie Politiker. Politiker sagen immer: *"Vertraut mir. Ich sage die Wahrheit. Ich werde zu eurem Wohl arbeiten."* Nimm dich vor diesen inneren Politikern in Acht. Beobachte einfach, wie Gedanken entstehen und vergehen. Ebenso wie Politiker vor einer Wahl viele nette Dinge sagen und anschließend nicht sonderlich viel tun, scheinen diese Gedanken sehr verlockend zu sein, wenn sie erscheinen, und sind anschließend verschwunden.

Der Buddhismus bietet Wege, um aus unserem Traum von Stabilität zu erwachen. Das bedeutet nicht, dass wir das Empfinden von festen, realen Dingen hinter uns lassen und in pures Nichts eintreten. Vielmehr hören wir auf, zu sehr auf die flüchtigen Momente zu bauen und bleiben offen und gewahr. Dann können wir die Welt in jedem Augenblick direkt als Spiel des Geistes erleben.

Wenn du glaubst "*Ich habe verstanden*", dann hast du den Buddha in deine Tasche gesteckt, um ihn aufzubewahren; doch wenn du später in deine Tasche schaust, findest du bloß einen faulenden Apfel. Alles, was zu einem '*Ding*' gemacht wird, wird sich verändern und verfaulen. Dharma muss in einer Weise genutzt werden, die ihn nicht allzu ernst nimmt, sondern ihn aktiv dazu verwendet, die eigenen festen Überzeugungen aufzuweichen.

Wir müssen uns entscheiden, ob wir weiterhin unsere Identität aus begrenzten Konzepten errichten, oder ob wir uns für die Lehren öffnen und direkt untersuchen, wer wir sind. Begrenzende Konzepte können durch ihre Vertrautheit beruhigend sein, jedoch verringern sie unsere Empfänglichkeit für die endlose Gastfreundlichkeit unserer eigenen ungeborenen Natur. Überleg mal, in wie viele kleine Welten du bereits deine Zeit und Energie investiert hast. Bedenke, dass sie alle verschwunden sind. Dein wahrer Freund und Verbündeter ist nicht weit weg. Wenn du aufhörst, so beschäftigt zu sein und so angestrengt zu suchen, wirst du feststellen, dass alles, was du brauchst, bereits da ist.

Sich nicht von Ereignissen zu entfernen, ihnen nicht entgegenzugehen, einfach mit allen Erscheinungen präsent zu bleiben - das ist das Herzstück der Meditation.

In der der Meditation gilt: Je mehr wir loslassen können, desto besser; während es in der Welt umso besser ist, je mehr wir ansammeln. Das heißt nicht, dass wir Enthaltsamkeit gegenüber äußeren Phänomenen praktizieren müssen. Indem wir immer wieder in die Offenheit entspannen, können wir die dynamische, vergängliche Natur täuschender Formen - sowohl von Subjekt als auch von Objekt - erkennen. Dadurch können wir ohne allzu viele Hoffnungen und Ängste frei an der sich entfaltenden Matrix der Welt teilnehmen.

Auf gewöhnlicher Ebene ist unser Leben entlang eines Zeitpfeils und auf der Grundlage von Ursache und Wirkung errichtet. Die Pfade direkter Erfahrung hingegen führen uns zum Herzen der Zeit, einem unendlichen Augenblick ohne Anfang und ohne Ende.

Wir schlafen im Traum der Dualität. Die Wirklichkeit der Nicht-Dualität ist auch dann der Fall, wenn wir schlafen und von vielen verschiedenen Dingen träumen. Das Gefühl, ein getrenntes Selbst zu sein, ist ein Traumgebilde, das beim Aufwachen verschwindet. Unser Buddha-Potential ist außerhalb der Zeit. Es ist nicht durch die Ereignisse bedingt, die innerhalb der Zeit geschehen, da lineare Zeit immer Traumzeit ist.

Raum ist offen und unbewegt, auch wenn Stürme hindurch wehen. Ebenso entstehen und vergehen Spiegelbilder im offenen Spiegel, doch der Spiegel selbst bewegt sich nicht. Unser Buddha-Potential ist wie der Raum. Es ist nichts in uns Verborgenes. Es ist nicht etwas, das wir in der Zukunft entdecken werden, wenn wir dafür bereit sind. Es ist nicht etwas, das wir in der Vergangenheit besaßen und dann verloren haben. Es ist einfach die Grundlage der Erfahrung in jedem Augenblick, Erfahrung als nicht-duale Erscheinung von Selbst und dem Feld.

Im Dzogchen kann nichts die Meditation zerstören, außer, man ist woanders.

Die Arbeit besteht darin, alle Erscheinungen kommen und gehen zu lassen und gleichzeitig als weiträumiges Gewahrsein, frei von verdinglichter Essenz und Definition, entspannt und offen zu sein.

Je tiefer die Meditation geht, desto ungeformter und unendlicher erleben wir uns selbst. Das befreit unsere spielerische Energie. Mit zunehmender Klarheit erkennen wir Situationen leichter. Dann ist es wichtig, präzise und vorsichtig in all unseren Handlungen zu sein; harmonisch, stimmig, sanft und mit Leichtigkeit.

Erkenne, dass dein Dasein seit anfangsloser Zeit rein ist. Ich bin kein Ding. Ich bin keine Ganzheit. Wie ich bin ist ungreifbar, wie der Himmel. Diese unendliche Offenheit lässt alle Phänomene entstehen. Wenn du in Offenheit verweilst, in der Erscheinungen kommen und gehen dürfen, lösen sich die verdrehten Ego-Windungen nach und nach auf und Klarheit und Weiträumigkeit entstehen. Aus dieser Klarheit und Weiträumigkeit entsteht eine tiefe Zufriedenheit, das Behagen, nicht losgehen und Dinge tun zu müssen. Du kannst einfach ruhig sitzen und musst nicht so hungrig nach Erfahrung sein.

Das Leben ist eine sehr individuelle Angelegenheit. Wir sind nicht vereinheitlicht, wir sind nicht Klone voneinander. Die einzigartige Besonderheit anderer anzuerkennen, ist im Dzogchen sehr wichtig. Wir versuchen nicht, andere Menschen zu kontrollieren und sie so zu verändern, wie wir sie gerne hätten. Vielmehr betrachten wir ihre lebendigen, sich immer verändernden Muster als Ermutigung, uns als Teil des Flusses in den Fluss zu entspannen.

Im Dzogchen geht es nicht vorrangig darum, dein Leben in Ordnung zu bringen. Ob du ernsthaft oder unvernünftig bist, ob du ein geregeltes oder verrücktes Leben hast, ob du reich bist oder arm - nichts davon hat eine Auswirkung auf die Beziehung zum Urgrund. Alles entsteht aus dem Urgrund. Alles hat dieselbe Beschaffenheit oder, in der Sprache von Mahamudra, alles hat einen Geschmack. Das ist der Geschmack der Leerheit. Wenn du diesen einen Geschmack schmeckst, spielen die Lebensformen keine große Rolle. Du kannst entspannen und das Leben gemäß den jeweiligen Umständen entstehen lassen.

Wie in allen Religionen wurden auch im Buddhismus Menschen durch ihren Machthunger verleitet. Macht kann gefährlich sein. Da die Grundlage der Macht Leerheit ist, kann Macht nützlich sein, wenn wir eine authentische, mitfühlende Absicht haben. Wir verlieben uns aber leicht in die Macht und lassen zu, dass ihre treibende Kraft uns mitreißt. Wir müssen uns deshalb immer wieder fragen: 'Aus welchen Beweggründen mache ich die Praxis?' 'Was sind meine Beweggründe im Umgang mit anderen Menschen?'

Unser Dasein ist in zwei Arten gegliedert: der Gastgeber und der Gast. Die Gäste kommen und gehen; der Gastgeber ist immer da. Der Gastgeber kann weder erfasst noch definiert werden. Die Gäste können kurzzeitig angetroffen, aber nicht erfasst werden. Wir alle wissen, wie es sich anfühlt, traurig oder einsam zu sein, wir kennen das Gefühl von Glücklichsein und wie es ist, voller Energie und Tatendrang zu sein. Jeden dieser flüchtigen gedanklichen Zustände können wir kennen - sie haben eine bestimmte Form - doch derjenige, der diese vorübergehenden Gäste empfängt und beleuchtet, hat keine Form oder Gestalt, die erfasst werden kann. Der undefinierbare, unbegrenzte Gastgeber hat durch die Gäste nichts zu gewinnen oder verlieren, und behandelt deshalb alle gleich und gastfreundlich.

Bewegung ist die Energie der Stille. Stille und Bewegung sind nichtdual. Sie sind nicht gegensätzlich, sie sind keine Gegner. Eines versucht nicht, das andere zu verhindern, zu unterdrücken oder zu zerstören. Der stille Aspekt, weiträumig und offen, ist vielmehr untrennbar mit der Bewegung, die aus ihm und in ihm entsteht, verbunden.

Wir sind nicht die Besitzer unseres offenen Seins, sondern eher die Kinder unseres offenen Seins. Der Bereich von 'Ich, mich, selbst' ist ein energetisches Entstehen. Er ist kein Problem, das gelöst werden muss oder etwas, das beseitigt werden muss. Unsere Energiemuster müssen sich jedoch in die Arme unserer Mutter zurücklehnen und von ihr festgehalten werden können. Die Mutter ist Raum. Die Wirklichkeit unseres Gewahrseins, der Urgrund unseres Daseins, ist offene Weiträumigkeit ohne Ecken und Kanten. Ohne Anfang oder Ende ist unsere Mutter immer hier, offen und zugänglich. Auch wenn wir uns häufig verlassen und einsam fühlen mögen, so haben wir ihren gemütlichen Schoß in Wirklichkeit niemals verlassen.

Man kann äußerlichen Erscheinungen entsagen. Man kann auf sein Haus verzichten oder auf sein Geld. Man kann Mönch oder Nonne werden. Für Meditierende liegt der Kernpunkt des Verzichts jedoch darin, sich von dem Glauben freizumachen, der Sinn des Daseins sei in Konzepten zu finden.

Dies ist der Weg der freien Zugänglichkeit, was bedeutet, dass wir die auftauchenden Ereignisse nicht schon im Voraus wissen wollen. Es geht nicht darum, ein Glaubenssystem gegen ein anderes auszutauschen. Es geht nicht darum, ein Buddhist zu werden. Es geht darum zu lernen, wie man klar und schlicht auf das schaut, was wirklich hier und jetzt geschieht.

Viele der Schwierigkeiten, die in der Dharma-Praxis aufkommen, entstehen, weil wir vom Ego Dinge verlangen, die es nicht leisten kann. Der Geist und der Inhalt des Geistes sind nicht dasselbe. Das Ego ist ein Inhalt des Geistes. Der Inhalt kann nicht das tun, was der Geist kann. Der Inhalt des Geistes ist immer kleiner als der Geist selbst. Zwanzig Menschen zu bitten, auf einem Stuhl Platz zu nehmen, ist lächerlich. Vom Ego zu verlangen, nicht zu greifen, ist lächerlich. Anstatt Zeit damit zu verbringen, zu versuchen, deine Ego-Begrenzungen zu überwinden, tritt lieber in die Offenheit frei von Begrenzungen ein.

Die Grundlage der Dzogchen-Praxis ist es, sich selbst in der entspannten, innewohnenden Offenheit des Gewahrseins zu befinden.

Diese Offenheit ist nicht weit entfernt. Sie ist kein von Ursachen und Umständen abhängiger Zustand, so wie sich Wasser in heißem oder kaltem Zustand befinden kann. Es ist entscheidend zu verstehen, dass das nicht-duale Tun jenseits von Sprache liegt. Sprachliche Zeichen sind bestenfalls hinweisend - sie können nicht wirklich ausdrücken, wie es ist. Gewahrsein ist nichts Mystisches oder Esoterisches. Es ist immer da, aber durch seine eigene Leuchtkraft verborgen. Die Ausstrahlung deines eigenen Geistes - die als anhaltender Strom von Gedanken, Gefühlen und Ausdrücken erscheint - ist eine solch schillernde Darstellung, dass sie uns für unser eigenes unsichtbares Sein blendet.

Gedanken kommen und gehen in der Weiträumigkeit des Geistes. Rede kommt und geht in der Weiträumigkeit der Stille. Bewegung entsteht und vergeht in der Weiträumigkeit der Ruhe. Auf diese Weise ist alles, was wir tun oder erfahren, genau so, wie es ist, niemals abgeschnitten vom Erscheinungsfeld, das von der alles-integrierenden Quelle nicht getrennt ist.

Es ist sehr wichtig, genau zu verstehen, was im Buddhismus mit dem Begriff 'Illusion' gemeint ist. Man könnte es vielleicht besser mit 'Unfassbarkeit' übersetzen. Die scheinbare Festigkeit und Zuverlässigkeit von Erscheinungen ist eine Illusion, da sie keine beständige Eigen-Substanz haben. Sowohl der Greifende als auch das Ergriffene sind eine Illusion. Die Leerheit des Objektes zu erkennen und dennoch weiter an der scheinbar festen Wirklichkeit des Subjektes festzuhalten, führt uns nur weiter weg von der Befreiung.

Probleme bestehen auf zweierlei Art: als Ereignisse und als Geschichten. Als Ereignis haben Probleme einen Anfang, eine Mitte und ein Ende. Als Teil einer Geschichte können sie endlos erscheinen. Je weniger wir uns in die Geschichten des Ego vertiefen, desto frischer können wir mit Phänomenen während ihrer augenblicklichen Entstehung verweilen. Klarheit frei von Verdinglichung erhellt unser Handeln und alle Phänomene sind selbst-befreiender Glanz.

Der Zweck der Praxis hat nichts damit zu tun, ein Buddhist zu werden. Es spielt keine Rolle, ob du dich selbst als Buddhist bezeichnest oder nicht. 'Buddhist' ist ein Name, und wir haben bereits viele Namen. Der Hauptpunkt ist zu untersuchen: 'Wer ist derjenige, der hier ist?', 'Was ist diese Erscheinung?' Das ist der Weg zu bleibendem Wert.

Prinz Siddharta war erschüttert, als er dem Kranken, dem Alten, dem Toten und dem Heiligen begegnete. Daraufhin betrachtete er sein Leben im Palast und erkannte, dass die Dinge nicht das waren, was sie zu sein schienen. Er schaute mit frischen Augen und war beunruhigt über das, was er sah. Also verließ er den Palast und verbrachte viele Jahre damit, verschiedene Arten von Meditation und viele Arten von Selbstbeschränkung zu praktizieren, aß weniger, behielt gewisse Körperhaltungen lange bei usw. Doch nach sechs Jahren stellte er fest, dass diese Praktiken nicht zu einer grundlegenden Veränderung führten. Er beschloss, einfach zu sitzen und bei sich selbst zu sein. Er wollte sich so lange nicht bewegen, bis er zur Wahrheit der Existenz erwacht wäre.

Indem er nichts tat, wurde paradoxerweise alles erreicht. Bis zu diesem Punkt hatte er sich selbst angetrieben. Aber jetzt saß er einfach ruhig und atmete ein und aus. Gedanken und Gefühle kamen und gingen, aber er war nicht in sie verwickelt. Durch Gleichmut gegenüber allen Erscheinungen konnte er erkennen, dass sowohl Subjekt als auch Objekt ohne innewohnende Eigen-Essenz waren. Diese Klarheit machte ihn unangreifbar für Verlangen und Abneigung und alle anderen irritierenden Kräfte, die seinen Weg zuvor versperrt hatten. Mit dem zu verweilen, was ist, anstatt mit Erscheinungen zu verschmelzen oder nach etwas anderem zu suchen, ist der Mittlere Weg, den er fand und lehrte.

Heutzutage scheinen viele Menschen innerlich vereinsamt zu sein und einen Sinn zu vermissen. Das ist sicherlich kein gesunder Zustand. Da wir dazu neigen zu glauben, dass die besten Orte weit weg liegen und dass wir tief im Innern unwürdig sind, mag es sinnvoll erscheinen, uns mit einer Praxis zu beschäftigen, die uns darauf vorbereitet, an einen besseren Ort gehen zu können. Das gibt uns das Gefühl von Sinn. Dadurch können wir jedoch vermeiden, uns mit unserer tatsächlichen Situation zu befassen. Aufmerksamkeit für das, was ist, erzeugt ruhige Klarheit, während Urteile über das, was ist, uns anderenorts ruhelos nach einem vergänglichen Etwas suchen lassen.

Das Ego-Selbst ist sehr zerbrechlich. Das Glück kann leicht verloren gehen. Wir bauen unser Haus auf Sand. Die verschiedenen Faktoren,

die unser Selbstempfinden aufrechterhalten, passen alle nicht so ein-
fach zusammen. Schlicht zu sagen *'Ich existiere, ich existiere'*, vermittelt
uns nicht wirklich Sicherheit. Erfahrungen nachzujagen wird uns in
die Irre führen. Wer ist derjenige, der sich der Gedanken, Gefühle und
Empfindungen gewahr ist? Diese Untersuchung offenbart die inne-
wohnende Reinheit und Klarheit des Geistes selbst.

Diese Welt ist bedeutungslos. Wir schreiben der Welt Bedeutung zu.
Die Bedeutungen, die es *'da draußen'* zu geben scheint, sind allesamt
projiziert. Anstatt zu versuchen, die Bedeutungen herauszufinden,
die wir eingebettet in der Welt vermuten, täten wir besser daran, die
wahre Quelle dieser Bedeutungen herauszufinden.

Verlange von Gedanken nicht, dass sie etwas tun, was sie nicht
tun können. Gedanken sind zerbrechlich; sie leben nicht sonderlich
lang und können nicht sehr viel. Obwohl das Denken kein Ende hat,
errichten Gedanken niemals etwas Verlässliches. Wir jedoch nutzen
die Gedanken, um die gesamte Welt zu erschaffen. Jeden Tag sind wir
damit beschäftigt, dieses große Bauwerk von Samsara mit unseren
Gedanken aufzubauen. Gedanken sind sehr jung, sie wollen spielen,
also lass sie spielen. Der wesentliche Punkt ist: Verlange von deinen
Gedanken nicht, dir den Sinn des Daseins aufzuzeigen. Das können
sie nicht. Verlange nichts von ihnen, was sie nicht können.

Wenn das Leben schwer ist, ist es schwierig, darauf zu vertrauen, dass Erwachen einfach ist.

Tantra ist ein Weg der Aktivität, und eine seiner Stärken ist, dass er uns etwas zu tun gibt. Mit den Händen werden Mudras gebildet, man hält einen Dorje und eine Glocke, spielt Instrumente, liest Texte und visualisiert Bilder. Durch die Schönheit und kunstvolle Anordnung dieser Bewegungsmuster wird der Schwerpunkt der Aufmerksamkeit so ausgerichtet, dass kein Aspekt unseres Geistes mehr frei bleibt, um sich in Ablenkung zu verfangen. Im Tantra arbeitet man mit Energie, mit der Umwandlung unserer Erfahrung dessen, was geschieht. Im Dzogchen liegt der Fokus hingegen darauf, einfach in die innewohnende Reinheit der offenen Präsenz hinein zu entspannen und die Energie, so wie sie kommt, kommen zu lassen.

Die Sichtweise in der Praxis des Tantra ist, dass seit Anbeginn nichts wirklich existiert hat. Vorgestellte Bilder erscheinen in jedem Augenblick. Diese Bilder sind durchsichtig, spielerisch und im Grunde bezaubernd, aber wenn du auf falsche Weise nach ihnen greifst, werden sie zu scharfen, heißen Objekten, die dich schneiden und verbrennen. Es hängt davon ab, wie du dich der Welt näherst. Es geht darum, eine gewisse Leichtigkeit zu haben.

Der Begriff 'gleichzeitiges abhängiges Entstehen' verweist auf das gleichzeitige Erscheinen aller Faktoren im Feld. Jede Erscheinung ist mit jeder anderen Erscheinung verbunden und sie beeinflussen sich gegenseitig. 'Wie ich bin' wird also dadurch hervorgerufen, wie du bist. Wer ich bin wird nicht durch etwas in mir festgelegt, sondern ist die flimmernde Oberfläche, die Schnittstelle von Subjekt und Objekt. Wir entstehen in Wechselwirkung, und der Grund sowohl von Subjekt als auch von Objekt ist ungreifbar, jenseits von Gedanken, Worten und Ausdruck. Unsere Praxis besteht darin, präsent zu sein in der Unmittelbarkeit, in der wir und unsere Welt in diesem Augenblick erscheinen, anstatt uns auf die Suche nach einer vermuteten Essenz zu machen.

WIR KÖNNEN ALLES HABEN

Wir suchen nach Glück,
Zufriedenheit, Entspannung.
Da wir dies nicht finden, suchen wir nach
Reizen, Veränderung, Anregung.

Aktive Beschäftigung erzeugt
Unser Selbstempfinden,
Das aufrechterhalten wird durch
Aktive Beschäftigung.

Keine Notwendigkeit für weitere Aktivität.
Keine Notwendigkeit, Aktivität zu beenden.
Aktivität findet statt, gewiss, ständig -
Wer also ist der Handelnde?

Weder dich damit verbindend noch beobachtend -
Sei gewahr am Ort der Handlung.
Die Handlung geht vorüber,
Der Handelnde löst sich auf.

Weder zurück noch nach vorne schauend
Sei gewahr hier und jetzt, wo das Leben stattfindet.
Das Leben fließt, der Moment vergeht,
Ungreifbares Gewahrsein ist unveränderlich.

Das Leben geht weiter, immer weiter
Hoffnungen und Ängste, hoch und tief
Welle auf Welle,
Tiefe und Raum sind dennoch unbewegt.

Stille und Zufriedenheit,
Bewegung und Veränderung,
Nicht-dual, ohne Widerspruch,
Kein Verlust, kein Gewinn; vollständig.

Wenn wir wirklich erkennen, dass alles vergeht, verstehen wir die Tatsache, dass der flüchtige Augenblick nur genossen, nicht aber festgehalten werden kann. Es gibt keine Restetüte für Erfahrungen, wir können nichts mitnehmen. Unser Karma mag uns begleiten, da es die Struktur ist, die uns formt; wenn wir aber die Stelle der Identifikation und Aneignung loslassen, befreit sich alles. Die Hauptaufgabe der Meditation im Dzogchen ist es, loszulassen, loszulassen und loszulassen. Der Kernpunkt ist Entspannung, nicht Bemühung.

Dzogchen ist ursprünglich. Es hat keine Geschichte. Dennoch gibt es Geschichten darüber, wie diese Lehren in unsere Welt kamen. Dzogchen ist allen Wesen eigen - doch ist Übertragung notwendig, um dazu zu erwachen. Es ist kein erdachtes System, sondern die Präsenz, die immer hier war, ist und sein wird. Alle Wesen, an allen Orten, zu allen Zeiten können Zugang dazu haben, da Dzogchen ihr eigenes wahres Sein ist.

Unser Körper ist kein Ding, sondern ein großer Fluss von Veränderung. Dasselbe gilt für Empfindungen, Gefühle und Gedanken. Sobald wir die unaufhörliche Bewegung der Erfahrung erleben, erkennen wir, dass es innerhalb dieser Bewegung nichts gibt, an dem wir uns festhalten können. Dennoch gehen wir nicht verloren, da der Urgrund dieser Bewegung völlig ruhig und immer genau hier und jetzt ist.

Bewegung ist niemals still. Man kann sie nicht anhalten. Das einzige, das unbewegt ist, ist die Präsenz des Gewahrseins, unser unveränderliches wahres Sein.

Wir können abgeschlossene oder offene Geschichten erzählen. Wir können uns die Geschichte des Könners oder die Geschichte des Verzweifelten anhören. Die beste Geschichte ist jedoch die, die wir mit anderen Menschen erzählen, eine Geschichte, die als Gespräch entsteht und in der wir herausfinden, dass wir immer frisch sind.

Ich finde mich selbst, wenn ich bei dir bin. Ich finde mich selbst nicht in mir selbst, sondern werde enthüllt durch mein Zusammensein mit dir. Ich werde jetzt als derjenige enthüllt, der mit dir zusammen ist. Ich werde nicht als mein wirkliches Ich enthüllt, weil es kein 'wirkliches Ich' gibt. Je mehr Aspekte du mir von dir zeigst, desto mehr Aspekte von mir werden dir und mir gezeigt.

Je entspannter und offener ich bin, desto eher bekomme ich ein Gespür für euch alle, die heute mit mir hier sind. Indem ich euch alle wahrnehme, kann ich mit euch sprechen. Die Grundlage, auf der wir mit anderen entstehen, ist kein festgelegtes Rezept aus einem Buch. Sie ist keine Sache in uns, sondern das Loslassen unserer Abwehrmaßnahmen und die Verminderung der Stärke unseres Selbstverständnisses. Auf diese Weise sind wir in der Lage, mit der negativen Befähigung des Nichtwissens umzugehen. Dieses grundlegende Nichtwissen selbst ist die Tür zur 'Weisheit'. Nicht zu wissen ermöglicht uns den Zugang zum Wissen, das vor dem Denken vorhanden ist. Es hängt nicht vom Denken ab, noch basiert es auf verdrängten oder abgelehnten Gedanken. Vielmehr darf jeder Gedanke, jedes Gefühl und jeder Ausdruck ohne Verdinglichung und Beurteilung durch dualistische Positionierung erscheinen und vergehen.

Verlass auf Worte

Verlass auf Worte führt uns nicht zum Erwachen,

wohingegen das Entspannen und Loslassen dessen, was wir gesammelt

haben,

augenblicklich nicht-duales Gewahrsein offenbart.

Beginnen wir, uns zu bewegen und mit anderen zu sprechen,

gibt es viele Haken, die uns in die Abhängigkeit von Konzepten

ziehen.

Versuche nicht, klar zu sein, entspanne dich einfach.

Es gibt keinen Grund, sich zu bemühen,

bleibe einfach offen.

Die Sonne strahlt ununterbrochen Licht ohne Substanz aus.

Der reine Daseinsgrund bietet unbegrenzt selbst-befreiende Momente.

Wenn wir in Meditation sitzen und ein Gedanke sich zeigt, haben wir keine Haustür mit einer Klingel; der Gedanke ist bereits in unserem Geist. Wir haben keine Wahl, er ist hier. Gleichermaßen bleiben wir nicht vor einem Gedanken stehen und überlegen: "*Oh, ist es ein interessanter Gedanke, auf den ich mich einlassen möchte?*" Wir sind bereits in den Gedanken eingetreten und mit ihm verschmolzen, als wären wir der Denkende, der ihn erschaffen hat. Scheinbar mühelos befinden wir uns in dem, was auch immer erscheint; und dann nicht mehr. Es gibt keine sichtbare Eingangs- oder Ausgangstür. Der Geist ist offen und leer; Subjektformen und Objektformen entstehen gemeinsam und verschwinden dann in endlosem Spiel.

In schlechten Zeiten fühlst du dich vielleicht schlecht, aber diese schlechten Zeiten definieren nicht, wer du wirklich bist. Wenn du eine Zeitlang etwas durchgedreht bist, wenn du schlecht behandelt wirst, wenn du einen Zusammenbruch hast und dich wertlos fühlst und das Leben seine Bedeutung verliert, dann sind das nur vorübergehende Episoden im Fluss deiner Erfahrung. Wenn du entspannen kannst und bei dem verweilst, was geschieht, dann wirst du erkennen, dass es vorübergeht. Wir sind nicht der Inhalt unseres Geistes, und dennoch sind wir nicht getrennt vom Inhalt unseres Geistes. Der Inhalt unseres Geistes ist Erfahrung, unsere Erfahrung - doch keine Erfahrung kann eine vollständige oder endgültige Definition darüber geben, wer wir sind und welchen Wert wir haben.

Wir sind hier, lebendig - sei also einfach gegenwärtig mit der unmittelbaren Präsenz des Gewahrseins, die unser offener Urgrund ist, die stets vorhandene Grundlage all unserer Erfahrungen. Sei einfach gewahr, sei präsent in dem Fluss, mit dem Fluss und als der Fluss der Erfahrung. Beobachte, wie jeder Moment eine Geste in Raum und Zeit und gleichzeitig ein Ausdruck oder eine Enthüllung der ungreifbaren Präsenz ist. Unser offenes Potential zeigt viele Formen, als selbst und andere, und dennoch kann keine Erscheinung dieses Potential definieren oder vorhersagen, wie es sich entfalten wird.

Unser Leben wird durch das Zusammensein mit anderen offenbart. Das Leben kommt zu uns, wird uns gegeben, wenn wir anderen mit einladenden Gesten begegnen. Manchmal sind wir glücklich und manchmal sind wir traurig, aber beide Stimmungen sind Enthüllungen, vorübergehende Darstellungen. Erfahrung ist kein Ding, an dem man festhalten kann. Das ist wirklich das Herzstück der Dzogchen Lehren. Es gibt keine Dinge, es gibt nur Augenblicke nicht greifbarer Erfahrung, die im offenen Feld ungeborenen Gewahrseins erscheinen. Je mehr wir erkennen, dass wir immer bereits in der offenen Weiträumigkeit integriert sind, desto eher ist jeder Moment gut, so wie er ist.

Uns zu öffnen und das zu sehen, was hier ist, ist die reinste Form der Phänomenologie. Es gestattet der Welt, so zu sein, wie sie ist, und es gestattet uns, zu sein, wie wir sind. Man kann sagen, dass dies die Basis für tiefgreifende Gewaltlosigkeit ist. Obwohl unser Verlangen, uns selbst weiterzuentwickeln und unsere guten Fähigkeiten zu verbessern, eine gute Absicht zu sein scheint, ist es in Wirklichkeit eine begrenzende Verdunklung. Denn jedes Mal, wenn wir eine Vorstellung davon haben, wer wir sein sollten und zu dieser Vorstellung werden wollen, sind wir gewalttätig gegenüber dem, der wir jetzt sind. Wir sagen: *"Ich bin nicht gut genug. Ich sollte anders werden. Ich wäre besser dran, wenn ich jemand anders wäre."* Unsere Hoffnung auf Verbesserung beginnt dadurch mit einem Angriff auf uns selbst; wir versuchen, uns selbst zu verändern, ohne denjenigen zu kennen, den wir verändern wollen. Die Feindseligkeit dieser Haltung verstärkt unsere dualistische Struktur: *"Ich beziehe Stellung gegen mich selbst, um mich selbst so neu zu erschaffen, dass ich von anderen Menschen und mir selbst mehr Bestätigung erhalte."* Wir werden immer neue Vorstellungen darüber entwickeln, wie wir sein sollten. Deshalb liegt der Schlüssel darin, zu entspannen und sich zu öffnen und so, wie man ist, mit sich gegenwärtig zu sein.

Uns selbst zu beobachten ist immer viel schwieriger, als wir zunächst glauben. Der Grund ist, dass wir uns selbst betrügen, da wir uns nicht wirklich so kennen wollen, wie wir sind. Wir wollen häufig netter sein als wir sind; wir haben ein Bild von uns, das wir wahren möchten. Uns zu beobachten ist keine leichte Aufgabe, wenn wir uns selbst hassen oder idealisieren. Ein durch Beurteilung erzeugtes Selbstbild bietet uns die Möglichkeit, etwas aufrechtzuerhalten, ob es nun positiv oder negativ ist. Unser Geist hat jedoch großes Potential, und viele verschiedene Gedanken und Gefühle erscheinen darin - nicht nur solche, die wir uns wünschen oder auf die wir uns verlassen. Lasse zu, dass dein Geist zeigt, was auch immer erscheint, und du wirst angenehm überrascht werden. Du bist dein Geist selbst, dein Gewahrsein, und alle Gedanken, die dich zu definieren scheinen, ziehen einfach hindurch.

Unsere Annahmen und Interpretationen treten auf, als wären sie die Inhaber unseres Daseins. Der Diener wurde zum Herrn und der Herr ist in Vergessenheit geraten. Der eigentliche Hausherr oder die eigentliche Hausherrin ist unsere Buddha-Essenz, unser offenes, frisches Potential, das in jedem Augenblick vorhanden ist. Diener sind Gedanken, Gefühle, Empfindungen. Diese Erscheinungen sind Informationsquellen und Ausdruckswege, sie sollten aber nicht auf dem höchsten Thron sitzen.

Das Wichtigste in der Praxis ist es, freundlich uns selbst gegenüber zu sein, da wir durch diese zarte Innigkeit unsere offene Zugänglichkeit entdecken und dadurch freundlicher anderen gegenüber sind. Freundlichkeit bedeutet nicht, dass wir bei uns selbst alles durchgehen lassen, aber wir müssen uns selbst gegenüber auch nicht ständig hart sein. Härte und feste Positionen sind nicht hilfreich. Es ist sehr unwahrscheinlich, dass Beurteilen und Kritisieren uns befreit oder unsere liebende Güte enthüllt.

Sanftheit ist für die Praxis sehr wichtig. Draußen in der großen Welt gibt es jede Menge Gewalt, und wir sind uns selbst gegenüber häufig kritisch und brutal. Wir sollten Versehen, Fehler und Verwirrtheit ehrlich anerkennen und wirksam darauf reagieren, aber nicht davon ausgehen, dass sie uns definieren.

In den buddhistischen Lehren heißt es, dass alles eine Illusion ist. Was bedeutet das? Schauen wir uns einmal diese Tasse in meiner Hand an. Die Erfahrung, die wir von dieser selbst-existierenden Tasse mit all ihren innewohnenden Charakteristika und Möglichkeiten haben, ist eine Illusion. '*Illusion*' bedeutet, dass wir vergessen, dass Subjekt und Objekt immer gleichzeitig entstehen. Das '*Tasse-Sein*' der Tasse befindet sich nicht in der Tasse. Es befindet sich in unserem eigenen Geist. Es sind unsere Gedanken, die dieser Erscheinung Individualität und substantielle Wirklichkeit verleihen. Unsere Gedanken bewirken, dass die Tasse real zu sein scheint. Unsere Gedanken erhalten die Täuschung aufrecht, dass diese Tasse selbst-existierend ist. Aber wie stark und verlässlich sind diese Gedanken? Versuche, einen zu fangen und sieh nach, ob er aus Stahl besteht.

Was auch immer geschieht, geschieht. Das scheint uns an die Weggabelung zu führen, an der ich entweder versuche, mich anzustrengen und das Objekt zu verbessern oder mich auf denjenigen konzentriere, der die Erfahrung macht. Dzogchen ist aber die Integration des Ereignisraumes, der Klarheit, die das Ereignis erhellt, und der sich ständig verändernden Energie, die sich als das Ereignis formiert. Nicht-duale Präsenz muss sich nicht entscheiden.

Der zentrale Punkt ist es, gegenwärtig mit allen Erscheinungen zu verweilen. Das ist alles. Nichts weiter.

Jeder Moment, den wir hier zusammen erleben, verschwindet, sobald er erscheint. Wir können eine Geschichte erzählen, die die Stetigkeit unserer gemeinsamen Zeit betont, aber dennoch verschwinden sämtliche Momente der Geschichte, noch während sie geschrieben oder erzählt wird. Diese ungreifbare Vergänglichkeit ist kein Fehler oder eine Strafe. Tatsächlich ist sie die mühelose Selbstbefreiung aller Phänomene. Alles erscheint, doch nichts bleibt.

Die Anfangsphase unserer Meditationspraxis ist die Zeit für fokussierte Beobachtung des Geistes. Durch Beobachtung können wir durch all das hindurchsehen, was die Präsenz verschleiert. Wir praktizieren, indem wir in offener Präsenz verweilen. Wenn wir unsere Präsenz auf das Zusammensein mit anderen in der Welt richten, ist das die Zeit, um teilzunehmen, um - wie wir sind - ein Teil der Welt zu sein. Wir sind bereits in der Welt. Dies ist unsere Welt, und wenn wir ohne Zögern und Vorbehalte an ihr teilnehmen, werden wir als Teil ihrer Entfaltung darin fließen. Wir sind hier, etwas ist zu tun, und wir tun es einfach. Das Leben ist einfacher, wenn wir nicht außerhalb davon stehen und uns auf Konzepte darüber verlassen müssen, wie es funktioniert.

Je weniger selbstbezogen wir sind, desto mehr werden wir feststellen, dass Qualitäten wie Großzügigkeit und Geduld von Natur aus vorhanden sind und dass wir sie für das Wohl aller Wesen nutzen möchten. Das Durchtrennen der Wurzel der Ich-Bezogenheit ermöglicht, dass sich alle guten Qualitäten zeigen.

Buddhist zu sein ist lediglich eine weitere Art der Illusion. Du kannst nicht wirklich ein Buddhist 'sein', aber du kannst ein Buddha sein. Man kann Buddhismus 'machen'. Du kannst das tun, was Buddhisten tun: Butterlampen befüllen, Niederwerfungen machen, Umhänge tragen - du kannst viele Dinge tun, die 'Buddhisten' tun. Buddhismus ist eine große Beschäftigungsfabrik. Wie gut du allerdings auch immer als Buddhist bist, das alleine wird dich nicht erleuchten. Ebenso wird das Spiegelbild nicht zum Spiegel, egal wie schön das Spiegelbild im Spiegel auch sein mag. Um in die Offenheit des Spiegels einzutreten, sei der Spiegel. Um den Buddha-Geist zu betreten, sei Buddha - kein 'Buddhist'.

Jegliche Formen, die wir sehen, haben keine Definition 'an sich': Die Definitionen, die wir ihnen zuschreiben, sind extern, bedingt und vom Zusammenhang abhängig. Die scheinbare 'Dinglichkeit' der Dinge wird den Erscheinungen durch die konkretisierende Tätigkeit unseres eigenen Geistes gegeben. Unser eigener Geist gibt den Dingen ihre 'Dinglichkeit', verdrängt dann diese Tatsache und behandelt die entstandenen 'Dinge' so, als wären sie selbst-bestehend. Diese 'Dinge' werden von außen definiert durch die Gedanken, die wir ihnen widmen. Sämtliche Definitionen sind Projektionen, die die intrinsische Leerheit aller Phänomene verschleiern. Ohne inhärente Eigennatur sind Erscheinungen in Wirklichkeit leer wie Regenbögen am Himmel.

Indem du 'nichts' wirst, erhältst du Zugang zu allem. 'Nichts' ist keine nihilistische Auslöschung. 'Nichts' ermöglicht, dass sich deine begrenzte Selbstbezogenheit auflöst und du dir der Tatsache bewusst wirst, dass du an allem teilhast. Wenn du nicht festgelegt bist, entsteht spontane Leichtigkeit im Fluss des Werdens.

DIE WAHRHEIT ÜBER DAS LEIDEN

Verliere dich nicht in Phantasien darüber,
wie du glaubst, dass dein Leben ist.
Ermögliche dir selbst,
deine grundlegenden Überzeugungen zu erkennen.
Fühle die Angst in ihrem Kern.
Ein Kern aus Angst.

Hier wohnt die Wurzel all unseres Leidens –
Anhaftung an eine Vorstellung von Stabilität,
die nicht erreicht werden kann.
Endlos daran scheiternd, das Unmögliche zu erreichen,
sind wir selbst es, die uns quälen.

Die Wurzel der Anhaftung ist Unwissenheit.
Du übersiehst und vergisst dann völlig deinen eigenen Grund,
dein eigenes Wesen.
Nicht wissend wer du bist, wirst du ängstlich.
Um dich gegen die Tatsache, dass dein Ego eine Illusion ist, zu schützen,
hängst du dich an verschiedene Thesen,
Überzeugungen und Annahmen,
als könnten diese Fremdkörper dich selbst begründen.

Das ist persönlich, denn es geschieht dir.
Es ist allein deine Geschichte - und das ist deine einsame Wahrheit.
Dennoch ist die Struktur nicht persönlich.
Diese Struktur, die Struktur, 'du' zu sein,
ist die banale Struktur Samsaras.

Durch Unwissenheit gibt es Anhaftung.

Durch Anhaftung gibt es verwirrtes Verhalten.

Durch verwirrtes Verhalten gibt es Leiden.

Dein Leiden ist keine Bestrafung.

Es ist kein Anzeichen dafür, dass du persönlich, zutiefst, immanent
schlecht bist.

Halte deinen Finger in eine Kerzenflamme und er wird verbrennen,
glühenden Schmerz verursachen.

Anhaftung ist unsere wiederholte Rückkehr zur Kerzenflamme
in der Hoffnung, dass wir dieses Mal
Genuss erleben werden.

Ebenso, wie wir mit Betrübnis
die arme Motte beobachten, die wieder und wieder
versucht, sich selbst zu Tode zu verbrennen,
ebenso blickt der Buddha herab
und sieht Menschen, die wieder und wieder
mit verzweifeltem Verlangen
auf das flammende Trugbild zufliegen, das uns verzehrt.

Du kannst nicht durch Untersuchungen zu deinem Buddha-Potential erwachen. Es wird nicht durch philosophische Ideen erzeugt. Auch geht es nicht darum, einen Erfahrungsschatz zu entwickeln, auf dem man aufbaut. Eher müssen wir zulassen, dass sich das, was da ist, zeigen kann; und das geschieht, wenn wir uns öffnen und das annehmen, was schon immer da gewesen ist. Unsere eigene hungrige, endlose Suche nach etwas Fehlendem ist die Kraft, die die Tür zum Erwachen verschließt. Seltsamerweise zeigt Los-lassen mehr als mühsame Anstrengung.

Gedanken gehen auf Reisen, aber der Geist bewegt sich nie. Die grundlegende Klarheit des Geistes bewegt und verändert sich nicht und geht nirgendwo hin. Wie friedlich, wie erholsam. So viele unserer Bemühungen sind unnötig.

Wenn sich unsere Anhaftung an gewohnte Muster lockert, stellen wir fest, dass es mehr Raum in unserem Leben gibt. Da es an sich offen ist, steht Gewahrsein allen Erscheinungen offen gegenüber, und dadurch werden sowohl Subjekt als auch Objekt als frei von bestimmender Essenz offenbart.

Wenn wir das Glück suchen, indem wir uns selbst in Ordnung bringen, indem wir bessere Menschen werden, indem wir alle Knoten und Schwierigkeiten lösen, die uns engstirnig und selbstsüchtig werden lassen, dann handeln wir innerhalb einer Denkweise, die besagt "*Ich bin ein Konstrukt, das durch Anstrengung neu errichtet werden kann, um in die richtige Form zu kommen.*" Wer aber kann wissen und beurteilen, was die '*richtige Form*' ist? Selbstverbesserung kann endlos weiter betrieben werden, da unser leeres Selbst der große Formwandler ist.

Präsenz bedeutet, unsere eigene nicht-duale Vielschichtigkeit zu leben anstatt zu versuchen, unsere Energie zu vereinfachen, indem wir uns selbst zu einem zuverlässigen, unveränderlichen Phänomen machen. Wir öffnen uns für die Unbegrenztheit unseres eigenen Gewahrseins, die Weiträumigkeit unseres Grund-Daseins. Diese ist weit genug und tief genug, um Empfänglichkeit und Raum für jegliche Art von aufkommenden Erfahrungen zu bieten. Der Raum des Gewahrseins bietet jedem Moment, so wie er ist, Platz, wohingegen der Raum des Ego, begrenzt und einengend, jeden Moment verfälscht und ihn für seine eigenen Zwecke zurechtbiegt.

Die besondere Eigenschaft der Dzogchen Praxis ist, dass sich nichts in deinem Leben ändern muss. Dzogchen verlangt nicht, dass du dein Verhalten oder deine Überzeugungen veränderst. Stattdessen beobachten wir unser Verhalten, um zu erkennen, was sein Zweck ist und ob es wirklich notwendig ist. Wir untersuchen unsere Überzeugungen, um herauszufinden, ob sie so verlässlich sind, wie wir glauben. Im Dzogchen geht es nicht darum, mehr zu glauben oder anders zu glauben. Stattdessen wird der Schwerpunkt weg von '*Glauben an*' hin zu '*direkter Erfahrung von*' verlagert.

Der größte Fehler, den wir in der Meditation machen können, ist, den Inhalt des Geistes mit dem Geist selbst zu verwechseln.

Wir können uns selbst immer betrügen, indem wir vorgeben, geordneter zu sein, als es der Fall ist. Deshalb müssen wir mit fortschreitender Praxis und zunehmendem Vertrauen immer vorsichtiger werden.

In Gemälden von Meditationsbuddhas sind ihre Körper durchsichtig dargestellt. Man kann durch sie hindurch sehen. Das bedeutet: 'keine Geheimnisse'. Sie verstecken ihre Handys nicht vor ihren Partnern, sie haben nicht einmal Taschen. Durchsichtig zu sein bedeutet, kein Versteck zu haben. Das Leben ist wie es ist, nackt und unbearbeitet. In unserem Leben bekommen wir Probleme, wenn wir Dinge verstecken, um Ärger zu vermeiden; wenn wir andere Menschen nicht wissen lassen wollen, wie es ist.

Vielleicht können wir unserer ästhetischen Reaktion auf die Welt, der Unmittelbarkeit der Welt, wie sie uns durch unsere Sinne enthüllt wird, mehr trauen als unseren Kommentaren, die wir ständig über alles machen, was erscheint. Aus der Sicht der Meditation verdeckt der Kommentar mehr als dass er offenbart, was wichtig ist.

Unser Bewusstsein, unsere persönliche Geschichte, unsere Neigungen, unsere Vorstellungen - all das sind sich zeigende Momente oder Energiepunkte, die in Erscheinung treten. Aber sie bleiben nicht. Das ist mit dem buddhistischen Begriff 'kein Selbst' gemeint. Es bedeutet nicht, dass wir überhaupt nicht existieren. Es bedeutet, dass wir nicht 'Etwas' sind. Uns selbst gemäß unserer Persönlichkeit und Fähigkeiten zu kennen, ist irreführend, denn wie wir mit anderen in der Welt erscheinen, hängt von der Situation ab.

Der Atem der Welt muss in uns strömen. Die Klänge der Welt müssen in unsere Ohren gelangen. Die Welt im Raum des Herzens zu empfangen, erfrischt uns ungeheuer. Dann ist unsere Bewegung in der Welt die Bewegung nicht-dualer Empfänglichkeit.

Setze dich selbst an erste Stelle, nicht die Methode. Wenn du glaubst "Ich bin ein dummer Mensch und der Dharma ist hervorragend", dann stellt sich die Frage, wie eine solch dumme Person einen so heiligen Dharma praktizieren kann. Wahre Praxis beginnt damit, dich selbst zu respektieren, denn ob es dir gefällt oder nicht, du bist für dein Leben verantwortlich. Es ist nicht wie beim Autofahren, wo dich die Polizei anhalten kann, feststellt, dass du betrunken bist und dir deinen Führerschein entzieht. Bis du stirbst hast du die Lizenz, dein Leben zu vermasseln, und keine Dharma-Polizei kommt und hält dich davon ab. Es liegt also an dir; bewahre deine Würde und sei präsent.

Innewohnende Klarheit, das spontane Licht des Geistes, offenbart sich uns nur, wenn wir aufhören, mit unserer Taschenlampe umher zu laufen und versuchen zu beleuchten, was vor sich geht. *"Wenn ich die Taschenlampe ausschalte, wird es dann nicht sehr dunkel werden?"* Wir haben Angst vor der Dunkelheit, also glauben wir, dass wir die Taschenlampe besser angeschaltet lassen sollten. So sehen wir aber nur das, was wir gewohnt sind zu sehen: den kleinen Lichtkreis, den unsere eigene Taschenlampe aufzeigt.

Ein Kreisel, ein Kinderspielzeug, wird sich weiter drehen, wenn du ihn weiter andrehst. Nach einer Weile wird er langsamer und neigt sich zur Seite, also drehen wir ihn erneut. Wenn du ihn nicht drehst, hört er auf zu kreiseln. Durch Pulsieren zwischen den Polen der Dualität halten wir das Rad von Samsara weiter in Bewegung. Wir drehen es weiter, weil wir Energie in Phänomene geben und ihnen den Anschein von Wirklichkeit und Wichtigkeit geben. Das unterbricht die Erfahrung von Selbstbefreiung. Lässt du aber den Kreisel deiner Gewohnheitsbildung in Ruhe, dann wird die Energie langsam daraus entschwinden und er wird aufhören, sich zu drehen. Wenn wir dann unbeteiligt und ungebunden sind, haben wir genug Raum, um wahre Verbundenheit zu sehen, zu hören und zu ihr zu erwachen.

Wir können in Hoffnungsblasen leben und wir können in Enttäuschungsblasen leben. Wir können viele Jahre lang voller Hoffnung sein und anschließend viele Jahre deprimiert sein und dann viele Jahre gleichgültig sein. Jeder dieser Zustände ist wie ein bestimmter Raum, den wir eine Zeit lang bewohnen. Manchmal fühlt es sich gut an. Manchmal fühlt es sicht nicht so gut an. Dann sind wir plötzlich in einem anderen Raum und alles, was zuvor so wirklich zu sein schien, ist verschwunden wie ein Traum.

Die Offenheit des Gewahrseins wird leicht durch die Präzisierung unserer Beurteilungen verdeckt. Wir ordnen Erfahrungen hinsichtlich *'Das ist gut und ich will mehr davon. Das ist schlecht, unangenehm oder gefährlich und ich will weniger davon. Ich will es nicht bei mir haben.'* Beurteilung entsteht durch Verdinglichung, Vorurteil und Neigung. In einem verschimmelten Topf kann man kein frisches Essen kochen.

Es ist wichtig anzuerkennen, dass die neun Yanas oder buddhistischen Fahrzeuge oder Modelle lediglich verschiedene Wege sind, um die Welt zu deuten, um die Erscheinungen zu verstehen. Jedes einzelne zeigt ein Ethos, das in der Tradition als 'Sicht' bezeichnet wird. Jede Sicht hat ihre eigene Art der Meditation, die mit bestimmten Handlungen verbunden ist. Die Koordinierung dieser Aspekte führt zu einem bestimmten Ergebnis. Diese vier Faktoren werden verwendet, um die Praktiken aller verschiedenen Ebenen oder Yanas zu strukturieren. Es ist wichtig, die Sichtweise der einzelnen Yanas zu verstehen, damit unsere Praxis integriert und harmonisch ist.

Wenn wir uns verirren, wenn wir in der Spirale der Anhaftung gefangen sind, in der eins zum anderen führt, dann bewegen wir uns nicht von der Klarheit zur Verwirrung. Wir verirren uns nicht, indem wir woanders hingehen. Wenn wir uns verlaufen haben, befinden wir uns immer noch im offenen, weiträumigen Dharmadhatu, sind uns aber nicht im Klaren darüber, wo wir sind. Wir müssen nicht reisen, um Erleuchtung zu finden. Um klar zu sehen, wo wir sind, müssen wir einfach aufhören, den Gedanken und Gefühlen zu folgen, die uns in die Irre führen.

Warum nehmen wir Zuflucht? Weil wir uns verirrt haben. Wir sind verloren und wollen dennoch der Boss sein. Die meisten von uns haben schon einmal einen Boss erlebt, der sich verrannt hatte. Das ist kompliziert, denn man kann dem Boss nicht sagen, dass er sich verrannt hat. Kein kluger Schritt, in keiner Einrichtung. Man muss also lernen, den verirrten Boss zu steuern. Das ist die Aufgabe von Meditation. Das Ego muss beschwichtigt werden, so dass es bei der Arbeit nicht im Weg steht. Innere Zerrissenheit durch Kampf mit sich selbst zu bewältigen, ist vermutlich nicht sehr hilfreich. Wir müssen uns entspannen und öffnen, aber unser Ego findet immer neue Dinge zu tun. Zuflucht zu nehmen und insbesondere viele Niederwerfungen zu machen, bietet dem Ego eine wichtige Aufgabe, auf die es sich konzentrieren kann, und damit gibt es Frieden und Ruhe. Wenn das Ego beschäftigt ist, entsteht Raum, in dem sich Gewahrsein zeigen kann.

Was ist der Geist selbst? Der Geist und die Inhalte des Geistes gehören nicht zwei verschiedenen Kategorien an. Wenn du einen Geist hast, dann hast du Inhalte des Geistes. Welche Gedanken und Gefühle du auch hast, sie stellen kein Problem dar. Sie sind nichts, das man loswerden müsste. Sie sind die Art und Weise, wie sich der Geist selbst zeigt.

Sprechen ist eine Geste des Mitgefühls. Sprechen ist beziehungs-orientiert. Wir sprechen, um mit anderen zu kommunizieren und für sie zur Verfügung zu stehen. Sprechen kann aber nicht Weisheit offenbaren. Weisheit wird in Stille offenbart, in tiefer Versunkenheit, in intensiver Aufmerksamkeit, in umfassender Öffnung für innewohnendes Gewahrsein. Dies ruft verschiedene Erfahrungen hervor, die wir anderen Menschen vermitteln möchten, doch wir erkennen bei diesem Versuch, dass sie jenseits von Formulierung sind. Manchmal ist es besser, in Stille zu verweilen. Wittgenstein sagte: "*Wovon man nicht sprechen kann, darüber muss man schweigen.*" Das ist ein sehr guter Rat.

Samantabhadra, der Gründungsbuddha oder Adibuddha des Dzogchen—der erste, ursprüngliche, immer-da-Buddha—wird traditionell dunkelblau dargestellt. Dunkelblau repräsentiert die Farbe des Himmels unmittelbar vor der Morgendämmerung, wenn sich die Dunkelheit aufhellt, man aber nur wenige Einzelheiten erkennen kann. Er ist das weiträumige Potential für Erleuchtung.

Wenn es in den Schriften heißt, dass wir 'ohne Gedanken' sein sollen, dann bedeutet das nicht, überhaupt keine Gedanken zu haben. Es bedeutet, dass Gedanken nicht als Grundlage für Identität genutzt werden und deshalb frei vorüberziehen dürfen. In unserem Alltagsleben stützen wir uns auf einen Gedanken, der sich auf einen anderen Gedanken stützt, der sich wiederum auf einen anderen Gedanken stützt. Würde man Gedanken als Problem ansehen, wäre das Ziel der Meditation, einen gedankenlosen Zustand zu erreichen. Wenn wir aber keine Gedanken haben, lähmen wir uns selbst, weil wir uns von der Energie des Gewahrseins abtrennen. Wenn wir in der Meditation sitzen, geht es also nicht darum zu versuchen, Gedanken und Gefühle abzustellen. Es geht darum, Gedanken und Gefühle als das zuzulassen, was sie sind, nämlich als Energie des Geistes, selbst-entstehend und selbst-befreiend.

Wir haben die Wahl. Wir können in unser eigenes Sein entspannen oder wir können uns selbst ablenken. Es gibt samsarische Ablenkung: Herumrennen, Geld verdienen, Ärger machen usw., und es gibt dharmische Ablenkung: viele heilige Praktiken machen, einen großen Altar errichten usw. Wenn du einen großen Altar hast, musst du jeden Tag eine Menge Schalen reinigen. Wenn du sie nicht reinigst, fühlst du dich schuldig. Wenn du aber die Schalen reinigen musst, hast du etwas zu tun: "Jetzt reinige ich die Schalen für den Buddha!" "Hm…?" Mag der Buddha saubere Schalen? Nein, wir tun diese Dinge für uns. Was bringt es uns also, diese Dinge zu tun? Wir erzeugen ein Gefühl von Bedeutung und Wert und Tüchtigkeit, ein Empfinden zu 'wissen, was wir tun'. Wir wissen, wie die Mudras auszuführen sind, kennen die richtige Melodie für jedes Gebet… Erkennt ihr die Gefahr? Wir können uns im Dharma ebenso leicht verlieren wie im Geld verdienen.

Es ist einfacher und sicherer, in unsere eigene unveränderliche Präsenz zu entspannen.

Es gibt einen Unterschied zwischen 'wie es ist' und *'wie es scheint'*. Als Kind haben deine Eltern vielleicht mit ihren Händen und Fingern kleine Schatten an der Wand erzeugt und dir eine Geschichte von einem Hasen oder einem Reh erzählt, das umherläuft… Das *'wie es ist'* ist ein Schatten, der Schatten, der durch das Licht auf der Hand entsteht. Das *'wie es scheint'* geschieht, wenn wir erkennen: "*Oh, es ist ein Reh! Schau, es hat zwei kleine Hörner…*" Tatsächlich ist es natürlich kein Reh, es ist ein Schatten. Dieses *'wie es scheint'* ist eine Interpretation, die der Grundzutat des Schattens hinzugefügt wird. Die Form des Schattens entsteht durch das Zusammenspiel von Hand, Licht und Wand. Diese drei Faktoren arbeiten zusammen, um die Illusion eines Rehs zu erzeugen. Unser Geist selbst ist *'wie es ist'*: leer, ungreifbar und dennoch präsent. Er zeigt sich durch alle Formen des *'wie es scheint'*: Erinnerungen, Gedanken, Vorstellungen usw. 'Wie es ist' und *'wie es scheint'* sind untrennbar wie ein Spiegel und seine Spiegelbilder. Sie sind nicht dasselbe und können dennoch nicht voneinander getrennt werden. Sowohl *'wie es ist'* als auch *'wie es scheint'* bleiben verborgen, wenn wir glauben, dass der Schatten, die Spiegelung, solide und wirklich ist.

Wir können uns glücklich schätzen, der Praxis des Nicht-Eingreifens in die Selbstbefreiung begegnet zu sein. Sie ist das süße Geschenk der Linie. Beobachte dich selbst. Wenn negative Dinge erscheinen und du sie weder verdrängst noch in ihnen schwelgst und stattdessen ihrer gewahr bist, werden sie verschwinden, ohne eine Spur zu hinterlassen. Wenn du mit ihnen verschmilzt, erzeugt diese Verschmelzung einen Überschuss, eine energetische Ladung. Wenn du versuchst, sie auszuklammern, führt das zu einem Defizit oder Mangel, der wie ein Vakuum weitere Gedanken ansaugt. Die Praxis der Selbstbefreiung zeigt das nahtlose Verschwinden jeglicher Erfahrung. Je mehr du dich an die Selbstbefreiung negativer Gedanken in dir selbst gewöhnst, desto eher wirst du ethisch handeln. Das ist ein überraschendes Paradox. Je mehr du die Tatsache, dass du von allen möglichen komplizierten und schwierigen Gedanken und Gefühlen durchflutet bist, akzeptierst und tolerierst und zulässt, dass sie da sind, desto eher wirst du feststellen, dass sie sich von selbst wieder befreien. Dann wird dein Dasein in der Welt weniger belastet sein, du wirst weniger von deinen eigenen Sorgen beherrscht sein und mehr Raum haben, um dich auf andere Menschen einzulassen, so wie sie sind.

IMMER SACHTE

Immer sachte
Mit der Ruh'
Lachen, tanzen
Immerzu

Bleib entspannt
Und spiele unbeirrt
Selbst wenn das Herz
Dir grauer wird

NACHTRAG

Ich beanspruche die Schottische Linie,
Deren Gründer William McGonagall war.
Seine Worte folgen aufeinander
Und stellen seine Ansichten dar.

Um Tatsachen in Zeilen zu übermitteln
Sind die Worte, die ich nutze, vielfältig.
Reime zu finden ist nicht so einfach
Und die gewählten Ausdrücke oft unglücklich.

WIDMUNG

Sollte dieses Buch irgendwelches Verdienst erbringen,
dann widmen wir es allen fühlenden Wesen,
und wenn es kein Verdienst erbringt,
dann möge es sich in seinen eigenen leeren Grund auflösen.

ཕན་པར་བསམས་པ་ཙམ་གྱིས་ཀྱང་།
སངས་རྒྱས་མཆོད་ལས་ཁྱད་འཕགས་ན།
སེམས་ཅན་མ་ལུས་ཐམས་ཅད་ཀྱི།
བདེ་དོན་བརྩོན་པ་སྨོས་ཅི་དགོས༎

Wenn schon der Wunsch nach dem Wohl anderer
die Verehrung aller Buddhas übertrifft,
wie großartig ist dann das Bestreben,
das Wohlergehen ausnahmslos aller Wesen anzustreben?

Aus dem Bodhicharyavatara von Shantideva